GAOZHONG DILI HEXIN SUYANG JIAOXUE ANLI

高中地理
核心素养教学案例

赵守拙 主编

浙江工商大學出版社 ZHEJIANG GONGSHANG UNIVERSITY PRESS | 杭州

图书在版编目(CIP)数据

高中地理核心素养教学案例 / 赵守拙主编. —杭州：浙江工商大学出版社，2020.1(2022.10 重印)

ISBN 978-7-5178-3321-5

Ⅰ. ①高… Ⅱ. ①赵… Ⅲ. ①中学地理课—教学研究—高中 Ⅳ. ①G633.552

中国版本图书馆 CIP 数据核字(2019)第 138448 号

高中地理核心素养教学案例

GAOZHONG DILI HEXIN SUYANG JIAOXUE ANLI

赵守拙 主编

责任编辑 周敏燕
封面设计 林朦朦
责任印制 包建辉
出版发行 浙江工商大学出版社
(杭州市教工路 198 号 邮政编码 310012)
(E-mail:zjgsupress@163.com)
(网址:http://www.zjgsupress.com)
电话:0571-81902072,88831806(传真)
排　　版 杭州朝曦图文设计有限公司
印　　刷 杭州高腾印务有限公司
开　　本 787mm×1092mm 1/16
印　　张 6.25
字　　数 156 千
版 印 次 2020 年 1 月第 1 版 2022 年 10 月第 3 次印刷
书　　号 ISBN 978-7-5178-3321-5
定　　价 18.00 元

序

课程标准是课程实施的“根本大法”。经过两年多的讨论、修订，最新《普通高中地理课程标准(2017 修订稿)》已经制定完成并公开发行，四版高中地理新教材也将逐步投入使用。按照教育部要求，在历经浙、沪两省市的两年深化课程改革的实验后，自 2019 年秋学期开始，全国各省、市、自治区普通高中将分批走进课改，并依照新课标使用新教材进行教学。

在借鉴发达国家中学地理课程理论和教学现状，总结国内近十多年来高中地理教学经验和问题的基础上，2017 版《普通高中地理课程标准》提出以落实地理核心素养培养为目标，强调人的发展中必备的品格和关键的地理能力的提升，突显了高中地理课程中最基本、最重要的育人功能。这是对原课程标准中的三维目标的重新梳理和整合，也是对三维目标层次的提升。新课标在必修内容标准上进行了调整和精简，突出了更具重要性和基础性育人功能的核心课程内容；在选修课程上更注重学生的自主选择性。这些变化必将对高中地理教学提出全新的要求。

高中一线教师是课程改革的具体执行者，作为具有一定影响力和示范性的浙江省重点中学，镇海中学的地理组教师必须及时学习和理解地理核心素养的内涵，尤其要主动探索、实践核心素养式地理教学，总结新教学实施的策略及规律。为此，2016 年 5 月，我们向浙江省教育厅教研室申报了“基于地理核心素养培养的教学策略实践研究”这一课题，并获准通过。中学教师承担教育课题研究，要强调课程理论学习，但更重在实践探索。教学是新课程落实的核心任务，课改的关键是“改课”。在启动本课题研究以后，课题组成员在校内、外开展了一系列的学习研讨和教学实验活动。本书中收集的课例就是实验教师在公开研讨课、名师展示课和组员在各级别赛课的基础上撰写而成的。可以说，每个课例、每一节课既是开课教师的个人智慧，也是课题组共同探索和反思的真实记录。18 篇课例基本包含了地理核心素养式教学的各种策略。

新教学实验以浙江省宁波市镇海中学地理组教师为基础，吸纳了江苏、安徽等省市的部分名师、骨干教师。本书的课例涵盖了地理 1 内容标准中的大部分、地理 2 中的一部分，另有地理实践力培养专题课例一例。这些课例都是研究参与者亲自实践过的真实课例，具有一定的可操作性。其中的部分课例在各级别的课堂教学(或教学设计)评比中获奖，有的已在各类媒体上进行过转载或报道，有的已在三大地理教育杂志上发表。如果能对读者起到一定的借鉴和启示作用，本书的撰写也就有了价值。当然，由于新教材公开发行滞后，本书中的课例只有少部分是参照新教材进行编写的，而大部分课例是依据新课标要求对现行教材及新资料进行重新整合和设计的结果。

最后，向所有支持和参与本课题研究和课例编写的各位领导和教师表示衷心感谢！

赵守拙

2019 年 7 月

目　录

第一部分　必修一

第二部分　必修二

第三部分　地理实践力

第一部分　必修一

课例一：太阳对地球的影响

安徽省淮南市第二十六中学　毕大国

一、教学内容分析

太阳是太阳系中唯一的恒星，是太阳系的中心天体，也是对地球环境影响最为深刻的天体。太阳对地球环境的影响包括很多方面，其中最主要的有两个方面：一是太阳辐射对地球的影响（多为积极影响），包括太阳辐射对地理环境形成、演变的影响和对人类生产、生活的影响。太阳辐射为地球提供丰富的光热资源，是植物光合作用的必要条件，也是风能、水能与生物能等的最终能量来源。二是太阳活动对地球环境的干扰（多为消极影响）。太阳活动产生的带电离子流、各种射线进入地球后，对地球磁场、大气层等都有较大影响，产生一系列异常，进而影响了人类活动。其作用的机理牵涉到较多的物理原理，教学的重点是太阳活动产生的各种影响而不是原理分析。本部分内容需要一定的地理综合思维能力，但更强调与生活的对接和对地理实践能力的培养。

二、学情分析

针对高一新生，尽管初中地理（或科学）课中对太阳辐射的作用有零散的介绍，实际生活中学生对太阳辐射也有一些感性认识，但对多数学生而言仍是“熟视无睹更无思”。既然是“熟视”，说明有学习的基础，所以这部分内容在教学上并不抽象，重点是让学生有条理和建构自己的知识体系。与太阳辐射相比，太阳活动对地球产生影响部分的内容，学生感性认识相对缺乏，涉及的相关物理原理也没有学到，加上目前科学界对其探索和研究还有不少局限，增加了学习的难度，但也是培养科学兴趣，激励学生进行这方面探索的好素材。针对此部分内容，教学的策略是“摆事实，讲影响，重实践力培养”。

三、教学目标

课程内容标准：运用资料，说明太阳（辐射和活动）对地球的影响。具体分解如下：

1. 知识与技能

能够说出太阳辐射能量的来源；了解太阳外部大气分层以及各层的特点；能用所给资料，说出太阳活动对地球的影响；学会简单观测太阳活动（黑子）的方法，提升地理实践力。

2. 过程与方法

通过图文资料，总结我国太阳年辐射量的分布特点及规律，合作探究其原因及影响因素，培养综合思维能力；用现实生活中的事例说明太阳辐射对人类生产、生活的影响；通过视频、图片资料等总结太阳活动对地理环境的影响。

3. 情感、态度与价值观

在教学中，除了培养学生获取有关信息与资料的能力，更要培养他们主动参与、主动思考、主动提问的能力和学习态度；体会太阳辐射对人类活动的作用，感恩自然；学会从正反两个方面认识太阳对地球的影响，形成地理辩证思维意识。

四、教学重、难点

1. 教学重点

太阳辐射、太阳活动对地球的影响。

2. 教学难点

影响各地年太阳辐射量多少的因素分析与总结；太阳活动对地球影响的机制。

五、课时

1 课时。

六、教学设计思路

根据课标要求，教学的思路与环节设计如下：

环节一：通过展示材料，联系生活，创设地理教学情境，引入新课，设问引疑，介绍太阳的概况、太阳辐射及概念。

环节二：图文结合，并设置问题，了解太阳辐射对地球的影响及分布规律，让学生思考分析，培养学生的逻辑思维和综合思维的能力。

环节三：通过图文和视频资料，以小组合作的方式，分析太阳活动的几种形式以及对地球的具体影响，提高学生分析问题、解决问题的能力。

七、教学实录

教学环节	教师引领	学生活动	设计意图
创设情景，导入新课	PPT 呈现： 1. 太阳孕育了地球上的生物，“万物生长靠太阳”。太阳主要是通过什么影响生物和地球环境的？ 2. 经过学校天文兴趣小组的观测：目前太阳中的黑子数量极少，有时甚至很难观测到。这会对地球有什么影响吗？ 教师：让我们一起来探究这两个问题的答案，我们先来探讨第一个问题。	学生思考、交流、回答： 主要是通过太阳光来影响地球的，太阳带给了地球光、热和能量。由感知再而明确“太阳辐射”这一概念。	生活俗语，实际观测，激趣生疑。
承转过渡	据计算，太阳辐射每分钟向地球输送的能量大约相当于燃烧 4 亿吨烟煤产生的热量。太阳为什么会有这么多源源不断的能量向外辐射呢？这些能量是从哪里来的？	阅读教材，寻找答案，了解太阳能来源——氢核聚变反应。师生共同小结。	追根求源，拓展视野。
举例说明，总结提升	太阳辐射能有 1/22 亿的能量可以到达地球表面。50 亿年来，这种能量对地球都产生了哪些影响呢？ 教师小结：a. 太阳辐射可直接为地球提供光、热资源，也是我们日常生活和生产的能量来源。b. 太阳辐射对地理环境的形成和变化影响深刻。它是维持地表温度，促进地球上的水、大气、生物活动和变化的主要动力，即地理环境形成的外部动力来源。c. 太阳辐射还可以形成化石能。 所以，地球上的生物生长靠太阳，万物的形成也离不开太阳。	讨论、举例： 校园植物的光合作用产生有机质；动物最终要以植物为食；大气、水体中的能量来源；太阳能灯、太阳能热水器…… 进而小结出太阳辐射对植物、动物、大气、水、人类活动等地理要素都产生了深刻的影响。	地理即生活，生活中提炼地理。培养地理立场，提升综合思维。

续表

教学环节	教师引领	学生活动	设计意图
分析资料，得出结论，探究原因	PPT展示我国年太阳辐射量分布图，描述其数值分布特点及分布规律，探究原因，总结影响太阳辐射分布的因素。 学生在分析、总结年太阳能分布特点、规律时及时提炼并呈现出结论； 在原因及影响因素探究环节时先引导学生从生活经验出发，待学生举出一些感同身受的事例后，再启发、推理到大气层对太阳辐射有削弱作用、(年均正午)太阳高度大小影响辐射强度、白天时间长短影响辐射量等角度进行思考，进而得出气象(气候天气)、地势高低、纬度等是影响太阳辐射强度的最重要因素。	读图，讨论、答题。其中分布特点与规律学生较易总结得出：1.青藏高原、西北地区多于其他地区；2.青藏地区最多，四川盆地最少；3.总体上西部多于东部，南方多于北方。 在探究原因时，学生会从冬/夏季、阴/晴天、早/中/晚时太阳光的强度对比等方面举例说明。	培养信息提取、归纳的能力，训练地理综合思维能力。
承转过渡	正常情况下，太阳给我们送来了光明，带来了温暖，提供了能源，我们最应该感恩的天体可能就是太阳了。但任何事物都是一分为二的，太阳有时也会“发发脾气”，出现一些异常变化，这又会给地球带来麻烦。这些异常现象就是本节课要讨论的第二个问题——太阳活动。太阳活动是怎么一回事呢？ 视频：壮观！太阳爆发X1.4级超级耀斑 PPT展示太阳活动影响案例。 除了材料中提到的太阳风暴外，太阳活动还有哪些表现？这与太阳的结构有关系。	阅读：2003年10月23日～11月5日，太阳风暴连续多次袭击地球，亚、欧、美洲许多国家的短波通信受到干扰，通信设施受损，日本的一颗通信卫星信号中断，一颗环境监测卫星已经无法恢复使用。 看图册、教材、讨论。	辩证看待地理事物、现象以及其对地理环境的影响。
图文认知太阳结构与太阳活动	PPT展示太阳结构模拟图。 根据学生回答，板图出以下示意图。 说明太阳黑子、耀斑、太阳风的不同表现、识记技巧及活动的联系。 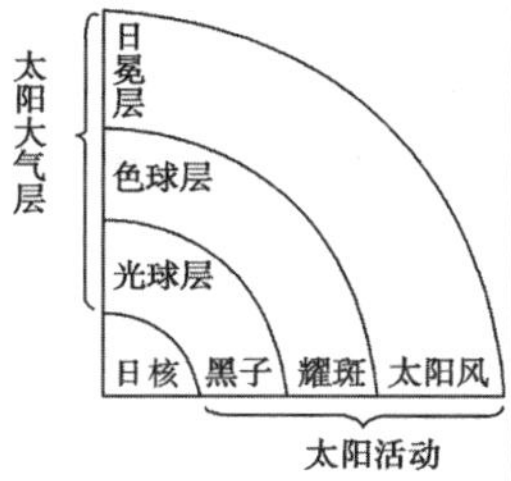 	校天文兴趣小组成员汇报近日观察到的太阳黑子状况。 学生对照PPT，说出太阳外层大气的结构组成，认知每层大气的物理特点及其中的太阳活动类型。 体会以图表意的地理表达方法。	体会从地理实物到地理示意图，能以图载文，图文转化。
太阳活动视频及PPT展示极光图片	视频： 1.太阳活动对地球的影响。 2.太阳活动对电离层的影响。 问：视频所说的太阳活动是哪一种？对地球产生了哪些影响？ 教师小结： 1.太阳活动影响了地球的气候。 2.使指南针抖动，产生了“磁暴”现象。 3.影响电离层，导致无线电短波通信受影响。 PPT展示魅力无限的极光图片和磁暴现象的图片。 4.高纬地区产生极光。	观看视频，回答： 1.某些年份的黑子及耀斑活动增强，将导致过去时地区沙漠化加剧； 2.带电粒子流影响了地球磁场及电离层。 观察PPT，得出： 3.极光是由太阳风暴产生的。	通过视频和图片验证太阳活动对地球的影响。

续表

教学环节	教师引领	学生活动	设计意图
资料分析太阳活动的周期	PPT:太阳黑子多少与各地年降水量变化关系统计图。 说出全球各地降水与太阳活动的关系及太阳活动的周期。 教师提醒:由于太阳活动的一致性,整个太阳活动周期应该都约为11年。	观察,回答: 1. 有时候正相关,有时候负相关,但肯定有关。 2. 约为11年。	观察、分析资料,得出结论。
总结	太阳每时每刻都在影响着地球环境和我们人类活动。了解、掌握太阳辐射、太阳活动的规律以及影响我们人类家园的机理,是我们学地理的人的责任。由于太阳活动对地球气候的影响,至今还没有整理出比较确切可靠并可以利用的统计规律,在理论工作上进展也不大。同学们以后可以发挥自己的聪明才智,在这方面进行更多的探索。		引领树立科学精神。

八、教学反思

本节课在教学上充分体现了以教师为主导,以学生为主体的教学思想,着重培养了学生的地理综合思维能力和地理实践能力。教学中强调从教师给出的案例、材料来培养学生的信息搜集、提取和归纳的能力。注重地理与生活的对接,体现了地理即生活的学科教育思想。但是教学的灵活性不足,根据因材施教的策略,本案例针对所在班级基础有限,教学深度、难度还有所欠缺。

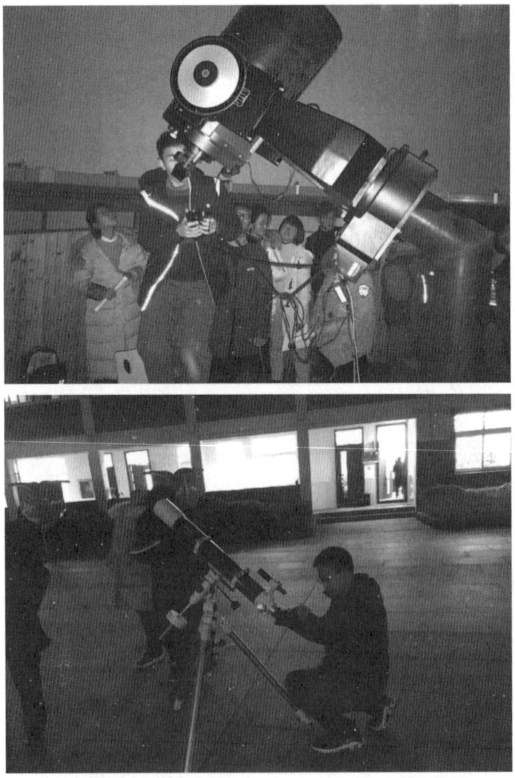

镇海中学天文兴趣小组常年进行观测活动

课例二:地球的圈层结构

——模型观察、图文转换中的地理综合思维培养

北京师范大学万宁附属中学 羊重荣

一、教学内容分析

本节内容主要介绍地球的圈层结构,包括地球的内部圈层和外部圈层。

人类对地球内部的了解,主要是通过对地震波的研究,来推知地球内部的组成及其他特征。所以,在具体教学中,先要掌握地震波的特点,然后根据地震波速度的变化状况,来推知地球内部的物质组成及特点。在此基础上,地球内部被划分为地壳、地幔和地核三个圈层。

地球外部圈层与人类关系比较密切,是人类赖以生存的环境,在后面的教学中会有更详细、深入的探究,所以本节仅重在外三圈的总体特点介绍。当然,要强调的是地球外部各圈层之间是相互联系,相互制约,形成了人类赖以生存和发展的自然环境。这是地理环境具有整体性特点的典型表现之一。其中生物圈是最活跃的圈层,占有大气圈的底部、水圈的全部和岩石圈的上部,是大气圈、水圈和岩石圈相互渗透、相互影响的结果,是地球上所有生物及其生存环境的总称,是世界上最大的生态系统。

同样,人类与自然环境的关系也是相互影响、相互制约的,人类对地理环境的作用都会造成环境对人类的反作用。所以,人类只有按自然规律办事,合理利用、改造自然,才能促进生态系统的良性发展,为人类造福。否则,会使生态系统恶性发展,影响人类的生存和发展。这是人地协调观的表现。

二、学情分析

(1)地球内部圈层内容虽简单,但比较理论化,无法让学生用“眼见为实”来感受,所以通过课前去学校地理园观察地球内部结构模型,可以“化繁为简”“化虚为实”。

(2)关于地震波中的纵波(P)和横波(S),学生在初中只能是看到过,在高中物理中还没学到该部分内容。所以要把纵波(P)和横波(S)的相关知识进行比较,物理结论可以直接告诉学生,并且用于地球结构研究,因为只有这样,才能更好地学好地球内部圈层的结构和特点。

三、教学目标

课标要求:运用示意图,说明地球的圈层结构。

1.知识与技能

了解地球圈层结构及特点,并能概括出各圈层的主要特点;运用资料和图表,了解地球外部圈层的作用和与人类的关系。

2.过程与方法

能用具体实例说明地球表层的特征,提升地理感知力;能够结合地球各圈层结构特点,分析实际生活中的地理现象,提升实践力;能够通过示意图,表达清楚地球各圈层结构及特点,熟知图文转换的地理学习方法;理解和掌握从宏观到微观、从整体到局部的地理探究学习方法。

3.情感、态度与价值观

认识事物的普遍联系规律,培养正确的人地协调观念;初步培养学生地理研究中的模型

意识和整体思想；初步培养学生的探究精神和科学精神。

四、教学设计思路

本课设计通过创设一系列活动情境，让学生主动去探知未知的地理世界，感受地理世界的无穷魅力，从而激发学生的地理兴趣。因此，“导入”从中国的神话故事入手，再根据学生的模型观察，创设情境并设置一系列的关于地球内部圈层的问题，让学生有了探究的动机，通过阅读课文、图片和相关资料，让学生发现地震波波速在地球内部发生的变化和原因探究。然后，通过阅读相关资料，探究地球外部圈层，以及和人类的关系。最后和老师一起归纳总结本课知识，并质疑释疑，做到了整节课学生不再是一个被动的接受者，而是一个充满主动探究的主体，一个发现问题并尝试解决问题的研究者。

五、教学实录

教学环节	教师活动（材料呈现）	学生活动	设计意图
课前观察地球结构模型，故事性导入新课	我国古代的神魔小说《封神演义》中有一个人物土行孙，每到紧急时刻，他总能出人意料地遁地而行，擅长遁地术，可日行千里。可惜不能到地球内部去看看，那怎么了解地球内部呢？昨天我们要求大家去观察我校地理园中的“地球内部结构模型”，请大家思考 PPT 中的问题。  	听、看、思考、交流、回答下列问题： 1. 人类如何了解地球内部构造？ 答：人类不能到地球内部直接观察，但可以通过地震波等间接方法去了解和推测地球的内部圈层特点。 2. 这个模型显示的内容和教材有哪些不同？地球内部圈层的划分依据是什么？ 答：数据有些不同，且划分的圈层也不同。	观察模型，了解方法，引起兴趣，提升地理实践中的思维能力。
感知、了解地震波	1. 评价：同学们观察得很仔细，两者数据不同，圈层数量不同，说明有不同的观点，我们先以教材为准。 讲授：首先要说明，地震波有两种来源，即人工爆炸（炸药和核装置的爆炸）和天然地震所造成的波动。其次，大家已经知道地球内部圈层是根据地震波的传播特点来划分的，这是如何做到的呢？请先读书思考、再小组讨论发言。 2. 播放视频：“地震波介绍——纵波、横波”（约 40 秒），区别横波和纵波的差别。（下面是视频中的两个截图） 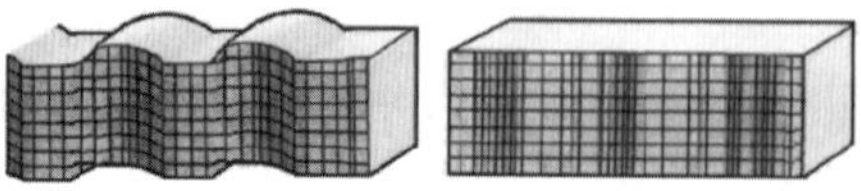 练习促进理解：某地地下 30 km 处发生地震，这时地面上的人会感觉到（　　），附近的飞鸟和池塘里的游鱼会感觉到（　　）。 A. 先上下颠簸，后左右摇晃　B. 先左右摇晃，后上下颠簸　C. P 波，上下颠簸　D. S 波，左右摇晃 3. 让学生总结归纳两种地震波的特点与差别。	1. 阅读材料、看视频思考 2. 小组讨论后代表回答： （1）当地震发生时，地下岩石受到强烈冲击，产生弹性震动，并以波的形式向四周传播，这种弹性波叫地震波。 （2）地震波分为纵波和横波 a. 纵波（P 波）：传播速度较快，可通过固、液、气体物质传播； b. 横波（S 波）：传播速度较慢，只通过固体传播。 （3）地震波的传播速度随所通过物质的性质而变化。 （4）横波表现为左右摇晃，纵波表现为上下颠簸。 学生讨论、理解两种地震波的差别及表现。模拟体会地震发生时的情况。 3. 学生填表小结地震波 分类 | 差别 | 共同点 纵波 | 　 | 都随着所通过物性质而变化 横波 | 　 | （同上）	视频感知，以图推意，图文转换。

续表

<table>
<tr><th>教学环节</th><th>教师活动(材料呈现)</th><th>学生活动</th><th>设计意图</th></tr>
<tr>
<td>探究如何根据地震波划分地球内部圈层</td>
<td>了解了地震波的特点，我们就可以利用它来探测地球内部物质组成及特性。请讨论以下问题：
读图，PPT 呈现问题：
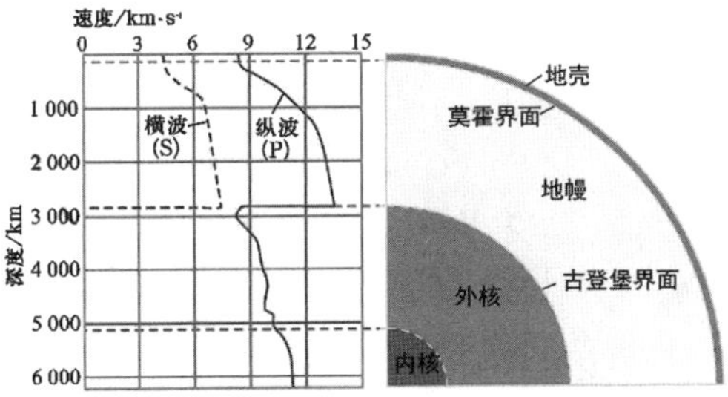

地震波的传播速度与地球内部圈层的划分
(1)地面以下的地震波在传播过程中，在哪些深度处有明显的变化？说明了什么？
(2)纵波和横波发生明显改变的不连续界面分别被称作什么界面？
(3)如何划分地球内部圈层？
(4)推测地幔和地核的物质状态。</td>
<td>读图观察、回答：
(1)地震波波速有明显变化的深度有两处：17km 处两波速度明显增加，说明此深度向下的地球物质组成与其以上的物质明显不同；在地下 2900km 处横波消失，纵波速度明显下降，说明此处物质性质也发生了明显改变(可能是液态)。
(2)在地下 17km 处被称作莫霍界面，2900km 处的不连续面是古登堡界面。
(3)根据地震波揭示的地球内部物质组成的差异，可将地球内部划分成地壳、地幔和地核三层。
(4)地幔中横波能通过，因此是固态。地核分为外核和内核，外核横波不能通过，故呈液态；内核纵波速度增加，是固态。</td>
<td>以图说理、图文转换。</td>
</tr>
<tr>
<td>补充小结</td>
<td>读教材中“地球内部圈层结构”图，回答：
1. 软流层的位置在哪里？
2. 指图说出岩石圈与地壳的区别，并自己画示意图说明。特别强调：岩石圈是指岩浆(软流层)以上的固体圈层，也是板块理论中所指的板块部分。但不是地球内部三大圈层所指的圈层。
小结：“2 波 2 面 3 圈层”
<table>
<tr><th colspan="2">圈层名称</th><th>不连续面</th><th>厚度(千米)</th><th>主要组成物质</th><th>特征</th></tr>
<tr><td colspan="2">地壳</td><td rowspan="2">(莫霍界面)</td><td>平均 17</td><td>岩石</td><td>①固体外壳
②大陆地壳厚，海尖地壳薄</td></tr>
<tr><td rowspan="2">地幔</td><td>上地幔</td><td rowspan="2">2800</td><td rowspan="2">铁镁的硅酸盐类</td><td>①固态
②上部存在一个软流层</td></tr>
<tr><td>下地幔</td><td rowspan="2">(古登堡界面)</td><td>①可能为固态
②温度很高，压力和密度均增大</td></tr>
<tr><td rowspan="2">地核</td><td>内核</td><td rowspan="2">3400</td><td rowspan="2">以铁镍为主，含有少量氢元素</td><td>接近液态，横波不能通过</td></tr>
<tr><td>外核</td><td></td><td>①固态
②温度很高，压力和密度很大</td></tr>
</table>
</td>
<td>观察、回答：
1. 软流层位于上地幔上部，岩石圈的下部，是岩浆的主要发源地。
2. 岩石圈不仅包括地壳，还包括上地幔顶部(软流层以上)，由坚硬的岩石组成；岩石圈即为通常所说的“板块”。
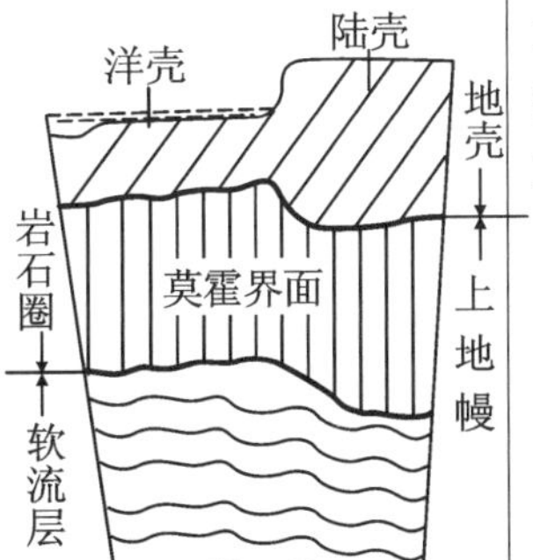

师生共同小结、表格呈现。</td>
<td>学会学习方法，增强画图能力。</td>
</tr>
</table>

续表

教学环节	教师活动(材料呈现)	学生活动	设计意图
过渡	教师:地球总体结构是“里三圈外三圈”,人类主要生活在地表以上,因此“外三圈”与我们的生活更加紧密。而且“外三圈”是可见的,那么外三圈是怎样划分、各自又有什么特点呢?		
读书、归纳、讨论、总结	1.请先读课文“地球的外部圈层”,然后完成以下小题:  (1)在图中四个括号内填注。 A.生物圈　B.水圈　C.岩石圈　D.大气圈 (2)在四大圈层中,物质密度由大到小依次为____,范围渗透于其他三大圈层的是____,属于外部圈层向内部圈层过渡的圈层是____,组成物质处于不间断的循环运动之中的是____。 2.归纳地球外部各圈层的主要特点。 3.对照下图,说出①②③分别代表的圈层,并说出虚线的意义。 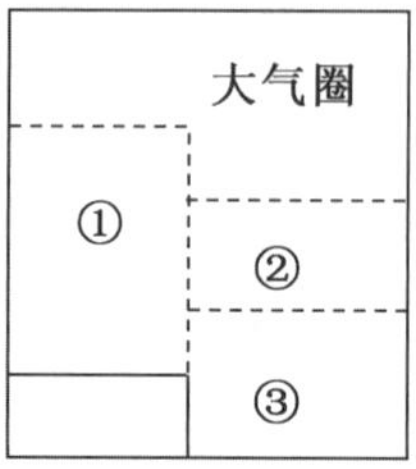 	1.学生回答、补充、纠正: (1)自上而下从左向右依次为D、A、B、C。 (2)岩石圈、水圈、生物圈、大气圈　生物圈和水圈　岩石圈　水圈 2.师生共同归纳、总结: 地球外部圈层包括大气圈、水圈和生物圈等,其中生物圈占有大气圈的底部、水圈的全部和岩石圈的上部。水圈是地球表层水体构成的连续但不规则的圈层。各个圈层之间相互交叉、相互联系,相互制约,形成人类赖以生存和发展的自然环境。 3.小组讨论,代表回答: (1)图中①为生物圈。②为水圈。③为地壳或岩石圈。 (2)虚线的意义是各圈层之间的分界线,但各圈层之间界线不明显,相互交叉。	问题启疑,任务驱动,层层深入,合作探索,解决问题。图、理转换,理解各圈层位置与特点。
归纳总结 板书设计	1.在老师的引导下总结知识结构。 地球的圈层结构 　地球外部圈层:大气圈、生物圈、水圈 　地球内部圈层: 　　地壳 　　　莫霍界面　　纵波 　　地幔 　　　古登堡界面　　横波 　　地核 　　　2波2面3圈层 2.质疑释疑:找出自己还有疑问的地方。		培养总结归纳能力。

六、教学反思

1. 充分准备,符合认知

地球内部圈层处于不可见的地下,比较抽象。因此让学生先去地理园看地球结构模型,有了初步直观印象后再开展教学。针对横波、纵波这一抽象的物理知识,备课时选取了一段视频,让学生易于理解。另外利用图表,启发分析,并设置一系列关联问题,让学生带着问题听讲,层层深入,并合作探索,解决问题。通过图文转换和练习,培养综合思维能力。

2. 图文转换,以图明理

以图载文,实现图文转换是地理学习的基本和有效的学习方法之一。训练学生读示意图,设计并动手画示意图,是地理教师的重要任务之一。本节学生对此方法有了一定的认知。

3. 设置问题,任务驱动

本部分知识需要看书、讲授、读图,但更需要有明确的任务、问题引领,才可以让学生参与的更多,更主动。教学的效果也才更好。

地震科普活动照片

课例三：对流层大气的受热与保温

——利用"问题链导学""思维导图"培养综合思维能力

浙江省宁波市镇海中学　魏伟

一、教学内容分析

本教学内容的重点是大气的受热过程，包括大气对太阳辐射的削弱作用、近地面大气的受热过程和近地面大气对地面的保温作用。这些知识是为大气运动、天气与气候等部分的学习做准备。因此属于大气部分的基础知识，在整个大气的学习中占有重要地位。

大气系统中热量的根本来源主要是太阳辐射，但是近地面大气的直接热源不是太阳辐射，而是地面吸收太阳辐射以后以地面辐射的形式传递到大气中。大气吸引热量以后又以大气逆辐射的形式传递到地面，对地面起到了保温作用。太阳辐射、地面辐射、大气（逆）辐射都是热量传递形式，但是随着温度的不同，其热辐射的波长不同。其中太阳辐射为短波辐射，其他是长波辐射。

本部分内容与物理学科中的热学相关知识联系紧密，体现了地理学科的综合性特点。

二、学情分析

本部分内容与日常生活联系密切，学生有较多的感性认识，因此对他们而言，总体上教学难度不大。但其中的许多细节，因为对其他学科尤其是热学基础有一定要求，可能会造成部分学生在理解上有困惑。如长/短波辐射、散射、选择性吸收等概念以及相关的地理过程。因此在教学中要根据学生的反应情况，注意对相关热学知识进行基础性的铺垫。

三、教学目标

课程内容标准：运用图表说明大气的受热过程。

1. 知识与技能

（1）掌握大气对太阳辐射的削弱作用和对地面的保温作用中包含的很多概念和地理术语。

（2）能利用大气受热过程的科学原理解释一些常见的生活现象。

2. 过程与方法

（1）利用动画、示意图等阐述大气的受热过程。

（2）通过画逻辑思路图（思维导图）等方法，理解和掌握大气的热力作用。

（3）通过日常生活案例，理解和运用大气热力作用原理。

3. 情感、态度与价值观

（1）通过观看视频，体会劳动人民抵御霜冻灾害的智慧。

（2）培养在观察中发现、提出和解决问题等能力，培养科学研究的兴趣。

四、教学重、难点

1. 教学重点

大气削弱作用原理与表现；大气保温作用原理与应用。

2. 教学难点

散射的表现；保温作用的应用。

五、教学设计思路

根据课标要求，教学环节设计如下：

环节一：播放视频《闯关东》中劳动人民抵御霜冻灾害的一段故事情节，联系生活，创设教学情境，引入新课，设问激疑，激发学习兴趣。

环节二：图文结合讲解大气受热过程，并设置问题，让学生合作讨论，解决问题。

环节三：引领学生将大气受热过程示意图，转换为文字形式的逻辑流程图，加强对大气受热过程的理解和应用，同时培养学生的图文转换能力。

六、教学实录

教学环节	教师活动	学生活动	设计意图
创设情境，导入新课	播放视频《闯关东》“劳动人民燃烧秸秆抵御霜冻的情节”。 情境描述：在我国东北，尤其是三江平原，由于纬度较高，在秋天庄稼收获之前的一段时间或春天秧苗种地之后的一段时间里，庄稼很容易遭受低温冻害的影响，有时候它对农作物的影响几乎是致命性的。为了抵御霜冻，智慧的当地人民利用燃烧秸秆制造烟雾的方法，成功地保护了他们的劳动果实。你们知道其中蕴含的科学原理吗？学习完本节课后，我们就知道其中蕴含的地理原理了。	1. 观看视频情节。 2. 思考、猜测“为什么可以通过燃烧秸秆的方法抵御霜冻？”	联系生活，创设教学情境，引入新课，设问激疑，激发学习兴趣。
探究大气对太阳辐射的削弱作用	前面我们学习过地球表层的能量主要来自于太阳辐射，但是太阳辐射必须经过一层厚厚的大气层后才能到达地面。经过大气层时，太阳辐射会被大气削弱一部分。请同学们阅读图表思考： 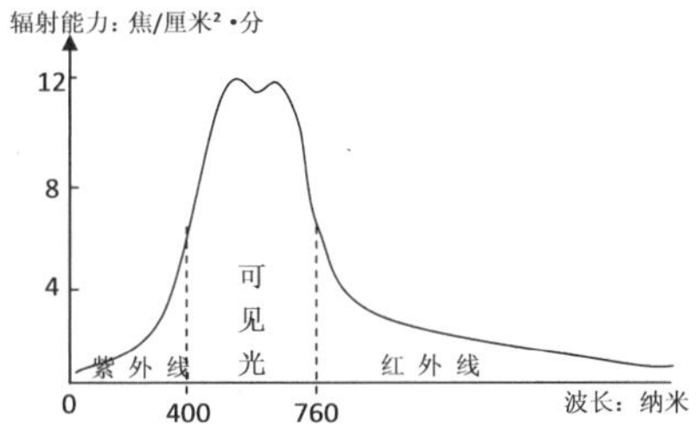 **图 1　太阳辐射光谱示意图** 1. 读图 1 思考： (1)太阳辐射主要集中在哪个波段？ (2)三种波段的辐射可以 100%到达地面吗？	1. 读图 1，学生回答： (1)太阳辐射主要集中在可见光波段。约占到太阳辐射的一半。 (2)不能。比如，阴天或空气质量较差时，到达地面的太阳辐射大大减少。	1. 两个思考主要为了引出大气对太阳辐射会有削弱作用。

续表

<table>
<tr><th>教学环节</th><th>教师活动</th><th>学生活动</th><th>设计意图</th></tr>
<tr>
<td>探究大气对太阳辐射的削弱作用</td>
<td>
2.读下表,小组思考讨论以下两个问题:
大气对太阳辐射的削弱作用
<table>
<tr><td rowspan="2">太阳辐射</td><td colspan="4">总体波长范围0.15～4微米</td></tr>
<tr><td colspan="2">紫外光</td><td>可见光</td><td>红外光</td></tr>
<tr><td>占太阳辐射能的比例</td><td colspan="2">7%(包括x射线和r射线)</td><td>50%</td><td>45%</td></tr>
<tr><td>波长(微米)</td><td>小于0.175</td><td>0.175～0.40</td><td>0.40～0.76</td><td>大于0.76</td></tr>
<tr><td>经过大气层时发生的情况</td><td>几乎完全被上层大气吸收</td><td>绝大部分被臭氧层吸收</td><td>波长较短的蓝色等大气分子所散射,水汽、云和浮尘等可阻挡、反射和吸收一部分可见光,绝大部分可见光能够直接到达地面</td><td>对液层大气中的二氧化碳、水汽、云和浮尘,可直接吸收相当数量的红外光</td></tr>
</table>
(1)大气的削弱作用表现为哪几个方面?
(2)大气对太阳辐射的吸收作用有什么特点?
(3)晴天的天空为什么呈现蓝色?
(4)大气反射作用的主要物质是______。
(过渡)由以上分析可见,近地面大气直接吸收太阳辐射非常少,尤其不能吸收太阳辐射的主要部分——可见光。近地面大气不能靠吸收太阳辐射而增温,那到底如何增温的呢?
动画演示,引导学生思考并分析大气的受热过程。
</td>
<td>
2.小组讨论后代表回答:
(1)紫外线绝大部分被高层大气和臭氧吸收;可见光中的蓝光易被空气分子散射而不能达到地表;可见光可被云层、浮尘反射、吸收;对流层中波长较长的红外线可以被水汽、二氧化碳、尘埃等大量吸收。
(2)紫外线、波长较长的红外线部分被大气大量吸收而削弱,且不同物质吸收的波段不同,呈现出选择性吸收的特点;可见光只有在阴天或尘埃较多时才被削弱的多,因此在晴天时,大部分的可见光是可以到达地面的。
(3)可见光中的蓝光易被气体分子散射,因此晴天的天空呈现蓝色。
(4)云层、尘埃。
</td>
<td>2.采取图文结合,启发分析,并设置一系列关联问题,让学生带着问题听讲,层层深入,并合作探索,解决问题。</td>
</tr>
<tr>
<td>探究近地面大气的受热过程</td>
<td>
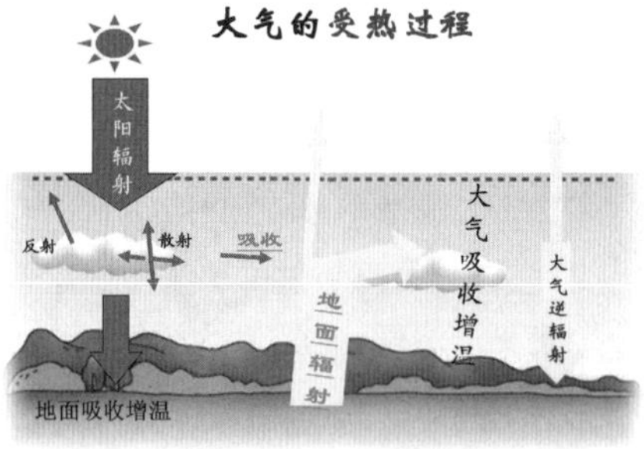

图2　近地面大气受热过程示意
3.观察图2,思考以下问题:
(1)地面、大气吸热以后会把热量存留下来吗?
(2)对流层大气如何增温?
(3)为什么说大气对地面起到了保温作用?
读图2,小组合作将这幅示意图转换为文字形式的逻辑流程图,并上台展示。
</td>
<td>
3.读图2,回答:
(1)不会。物体吸热以后又会以辐射的形式把热量继续向外传递。
(2)大气中的水汽、二氧化碳、尘埃等会大量吸收波长变长了的地面辐射而获得热量,进而使整个大气得以增温。
(3)大气增温以后又以大气逆辐射的形式把热量返还给地面,一定程度上补偿了地面辐射损失的热量,对地面起到了保温作用。
</td>
<td></td>
</tr>
</table>

续表

教学环节	教师活动	学生活动	设计意图
地理示意图与思维导图之间的思维转换	4.请另一个小组结合两幅示意图，分析课前的设问——“燃烧作物秸秆抵御霜冻所蕴含的科学原理”。 5.开课视频中的问题：“燃烧作物秸秆抵御霜冻所蕴含的科学原理”？ 6.教师小结、引申： 因为有了大气层，地表白天的温度不会升得太高，同时夜晚的温度不至于降得太低。与没有大气层的其他星球相比，昼夜温差变化大大减小，非常有利于人类和其他生物的生存。 当然，由于地理环境不同，在同一时间内，各地地表和近地面大气的受热情况也将大不相同。这又会导致哪些新的地理问题产生呢？这将是我们下节课要学习的内容。	4.图表转换（见下图）： 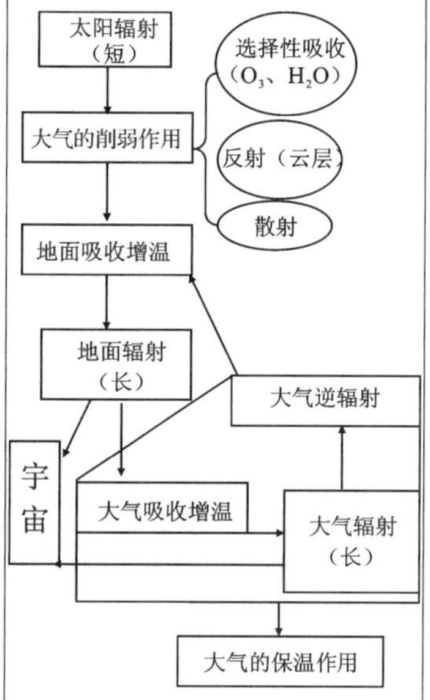 5.学生回答： 因为人为因素大量增加了大气中的固体颗粒，大气吸收地面的热量更好，也使得大气逆辐射增强，对作物的保温作用增强。	3.反过来，让学生将示意图转换为文字形式的逻辑流程图。培养学生的图文转换能力。
归纳总结与巩固 板书设计	引导学生归纳总结本节知识结构。 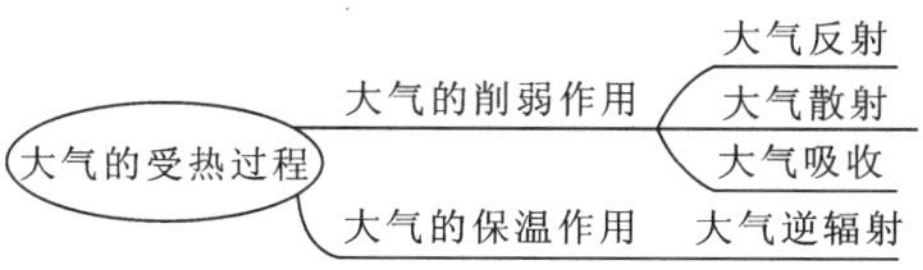	1.在老师的引导下总结知识结构。 2.提出自己的疑惑。	培养总结归纳能力。 设置提问环节，培养提问能力。

七、教学反思

总体来看，本节课针对学生的学情特点，采用合理的教学方法，有效地将教学内容组织整合起来，顺利完成了教学目标，体现出了以“学生探索为主，老师启发为辅”的新课程理念。在总体上达到了我预期的设想。但是，在局部环节上，还存在需要改进的地方，以后的教学中要格外重视：

1. 各个教学环节之间的有效衔接上，如何有效过渡？这是我要思考的一个问题。例如，对“影响地面辐射的主要因素”这一部分内容与本节课中其他内容之间的联系，我当时没有明白课本编者的用意，在环节设计上，自然出了偏差。经师傅点拨之后，恍然大悟。

2. 课堂上总想很快地完成教学内容，留给学生消化的时间太少，只要听到学生的正确响应，就很快地进入下一环节的教学当中，对后进生来说，较为吃力。

3. 课堂上总想把自己知道的，自己课前准备的，都一一讲授予学生，导致学生往往分不清主次，芝麻西瓜一起抓。而自己也按部就班地按照自己设计好的教案上课，没有针对课堂学生的反应而做出应对性的调整。

贵阳师大附中的地理核心素养培养交流课(2018.6)

课例四：热力环流的过程

——生活中的热力环流

浙江省宁波市镇海中学　吴麟

一、教学内容分析

热力环流因各地冷热不均而形成，是大气运动最简单的形式。它与我们的生活休戚相关，也是人们常见而又熟视无睹的自然现象，诸如海陆风、山谷风、城市热岛效应等都是其经典案例。热力环流是掌握其他大气运动的基础，是为大气的水平运动——风、全球性气压带、风带分布和移动做铺垫，因此在自然地理教学中占据重要地位，也具有较强的理论性和实践性。主要内容说明如下：

(1)空气垂直运动的 2 个因果关系链：

①某地地面温度比周围地面高→地面辐射比周围强→近地面大气增温快→空气膨胀，密度变小→空气上升→高空空气密度比周围同高度大气密度大，气压增高。即空气上升的前提是接受的热量多，如孔明灯。

②反过来，某地地面温度比周围地面低→地面辐射比周围弱→近地面大气降温→空气收缩(密度变大)→空气下沉→垂直高空空气密度比周围同一高度的空气密度小，气压低。

(2)空气水平运动(风)的动力：在同一水平高度上，密度大、气压高的空气因受到水平气压梯度力的作用，总是向气压低的地方流动。所以水平气压梯度力是风的原动力。

(3)近地面与高空的相对参考值：近地面大气一般指 1km 以下的大气，高空为 1km 以上、10km 以下的空气。但因气象条件不同，两者的高度在一定范围内有变化。热力环流多发生在对流层。

(4)不同地面冷热不均的原因有多种，常见的有纬度因素、下垫面因素(如地面组成物质的比热容不同)、气象因素(影响太阳辐射量)、人为因素等。

本内容中因为是大气地理的基础部分，术语、概念较多，教学中要注意通过体验、感知等办法理解记忆。本内容有很强的实用性(如空调的高度及风向、抽油烟机的安装位置等)，教材中的三大案例也与生活联系密切，具有较强的实用性，因此是进行地理实践力培养的重要一课。

二、学情分析

本节内容是高一学生进入高中阶段所学习的理论性、逻辑性和思维难度较大的一节内容。因此教学时一定要注意由浅入深，夯实基础后层层深入。本部分内容涉及了较多的物理原理，尽管这些知识学生在初中的科学课中已有所了解，但为了讲透本节的知识点，物理基本知识和原理的复习讲解仍是必不可少的。例如，气压的概念、热胀冷缩后空气的密度变化、水平气压梯度力的形成等等。其中三个案例中学生相对熟悉一点的就是城市“热岛效应”，因为浙江多为沿海、多丘陵的地理环境，学生理解海陆风和山谷风应该并不难，因此从学生的认知特点角度，教学中建议先从此案例开始。“学习对生活有用的地理”这一目的出发，教学要注重培养学生学会并习惯思考解释与热力环流有关的生活现象，形成地理对生活有帮助的意识。

三、教学目标

课程标准：运用示意图等，说明热力环流原理，解释相关现象。三维及核心素养目标如下：

1. 知识与技能

(1)学会绘制简单的热力环流示意图。

(2)能描述热力环流的形成原因及过程。

(3)能区分不同性质下垫面之间的比热容差异。

(4)可以简单解释日常生活中的热力环流现象。

2. 过程与方法

(1)通过绘制热力环流形成过程示意图，学会利用图文转换学习地理的方法，培养因果链式综合思维的能力。

(2)通过绘制海陆风、山谷风、城市热岛效应示意图，并对比分析，总结梳理出热力环流形成的一般规律。

(3)通过绘制近地面和高空的等压线分布特点，归纳出等压线空间分布的一般规律。

(4)学会在日常生活中运用热力环流原理的能力，养成地理实践力素养。

3. 情感、态度与价值观

(1)通过推导热力环流的形成过程，体会地理逻辑思维特点。

(2)具备把地理与生活联系起来的意识，体验“生活处处有地理”的思想。

四、教学重难点、课时及准备

教学重、难点	重点：①有关热力环流形成原理的理解和应用。 ②有关热力环流中等压线分布规律的理解和绘制。 难点：同重点
课时	1 课时
教法	①PPT 演示法。②对比分析法。③归纳法。④讲授法。⑤实验展示。
器材准备	三张彩色硬卡纸(用于演示等压面)

五、教学设计思路

本内容的教学是地球大气运动、气象气候学学习的理论基础，因此要理论分析(综合思维)与实际应用(实践力形成)并重。为了增加教学的体验性，需要设计简单的模拟实验，以辅助学生理解和掌握。教学中注重生活中实际案例的剖析，培养学生的综合思维能力，形成生活中有地理的意识和思想。因此需要授课教师收集生活中丰富的素材，严谨、细致地推理和讲解。教学思路如下：

1. 实验引入：热力环流的成因及相关概念 ← 观察

⇩

2. 理论提升：分析热力环流的形成过程 ← 分析

⇩

3. 实践力形成：热力环流的典例剖析 ← 应用

六、教学过程

1. 实验引入热力环流的成因及相关概念

师：我们先来观察一下空气流动的现象。这里有一个小实验，在密闭的玻璃箱内，右边碗里是热水，左边碗里是冰块，右上方有一支点燃的香束。观察实验，画出气流运动的方向。（提示：注意观察：①热水盆与冰块盆垂直方向上空气运动的方向。②玻璃缸内空气运动时针方向。）

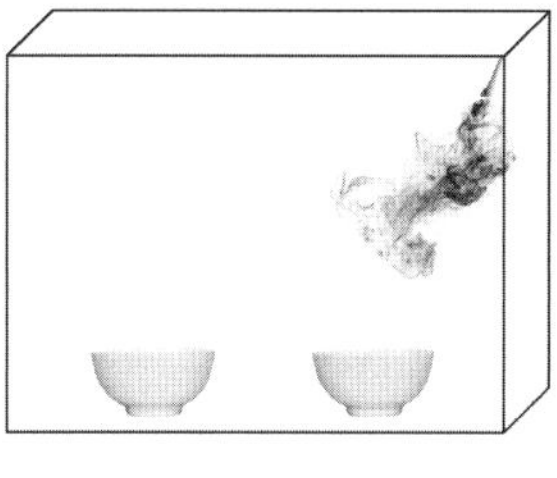

图 1 热力环流实验示意图

思考、推测：空气形成环流的原因是什么？

生：上黑板画出气流运动大体方向，并猜测空气环流的形成原因——可能与不同地点的空气冷热不均有关。

师：在正确解释这种环流形成的原因之前，我们先来复习一下初中《科学》中的一个概念：气压。顾名思义：大气的压力，也就是作用在单位面积上的大气压力。（PPT）如果这是地面，这是地面上某处的空气柱，A、B两点上哪里受到的大气压力更大一些（图 2）？原因是什么？

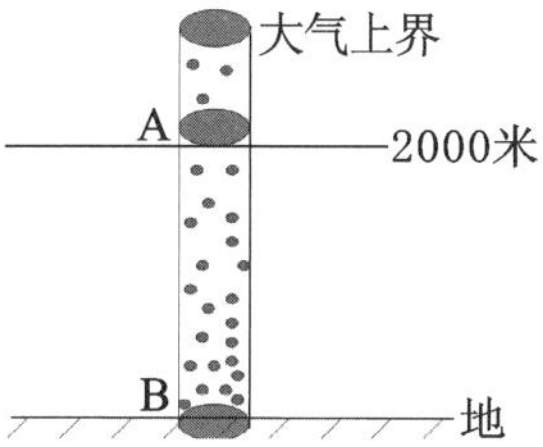

图 2 空气柱示意图

生：B处。因为B点所承受的空气柱更高，大气压力更大。所以在同一地点的垂直方向上，海拔越高，空气越稀薄，气压越低。

【板书】海拔越高，气压越低。

现在如果我要把这个区域与A点气压相等的点都点出来，在空间上，这些点将组成一个什么？

生：组成一个面。

师：在这个面上所有气压都相等，我们把它叫作等压面。（拿出彩色硬卡纸，示意等压面）发挥你们的想象力，想一下如果要画出侧视图，应该是什么样的呢？

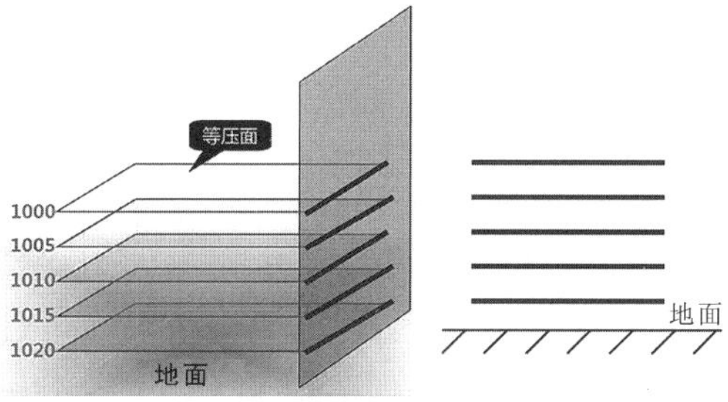

图 3 等压面及等压面侧视图

生：画出等压面侧视图，如图 3 所示。

师：对，每一面的侧视图都是一条一条的直线，所以在侧视图上，一条条等压线实际上代表的是一个个的等压面。

2. 理论提升，分析热力环流的形成过程

下面我们结合刚才看到的实验，来分析一下气流的运动及其气压状况。结合下图引导学生回答下列问题：

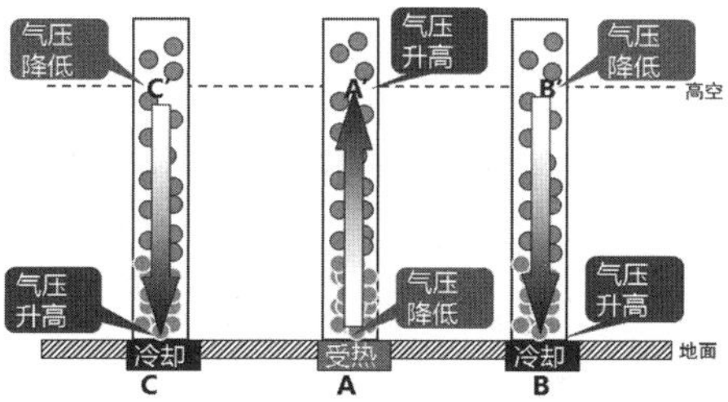

图 4 热力环流形成过程

师：1. 假如 A 处地面受热，BC 冷却，垂直方向大气将如何运动？

生：在垂直方向上，大气受热会膨胀、变轻然后上升，遇冷则空气收缩下沉。

师：2. 观察 A、B、C 和 A′、B′、C′各地气压有何变化？

生：A′处空气分子增多，气压会升高；B′、C′处空气下沉，空气分子减少，气压会降低。所以，同一地点高空与近地面气压高、低相反。

师：3. A、虽是高压，但它的气压值会比 A 高吗？为什么？

生：不会，还是 A 处高，因为垂直方向上，总是海拔越高气压越低。虽然把高、低气压标在图中，但这里的高、低压实际上是相对于它们的同一水平面而言的。

【板书】高、低压仅相对于同一水平面而言。

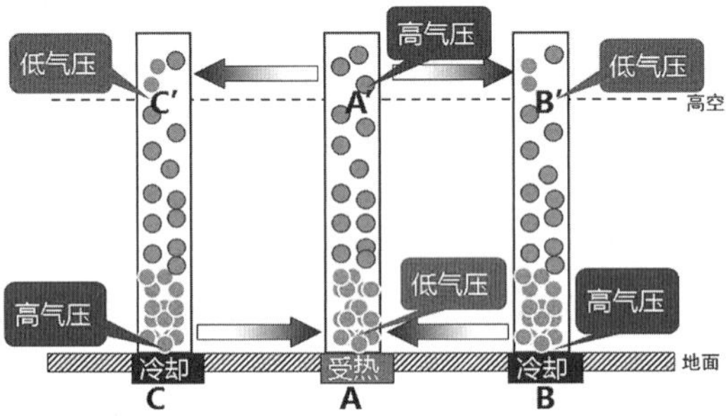

图 5　大气的水平运动

师：4. 那么，在大气水平方向上大气应该怎样流动呢？

生：应该是高压流向低压，即冷处空气流向热处。

师：这就是大气的水平运动，也就是我们平常所说的风。

【板书】水平方向大气由高压流向低压。

小结：热力环流的原理，我们用文字表示出来如下：

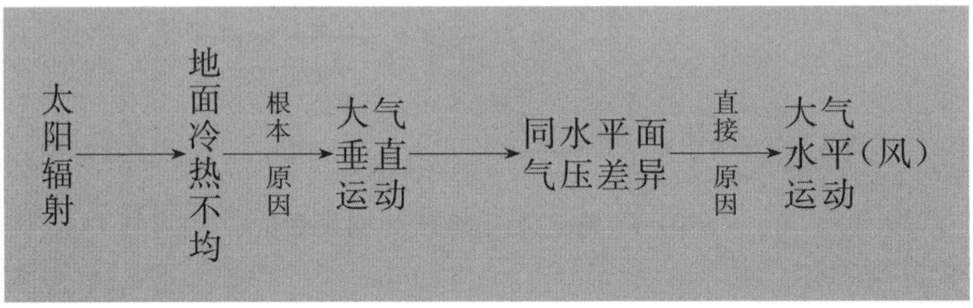

生：完成学案上的环流图绘画及即时练习(如下)。

【即时练习】

一、热力环流原理——请画出大气流动方向，标出高压(用 G 表示)低压(用 D 表示)

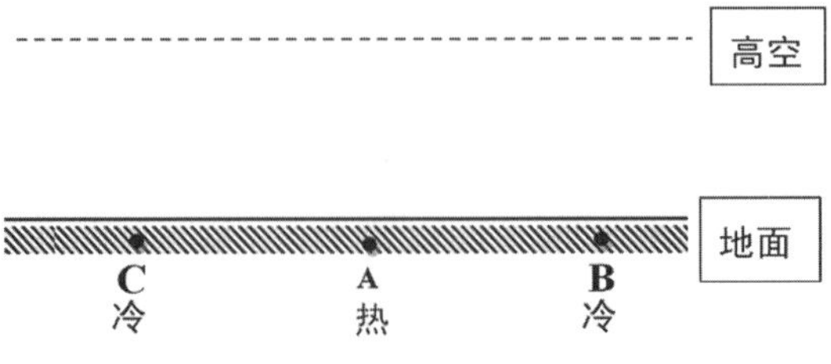

图 6　热力环流生成

二、读图，某地高空等压面状况：

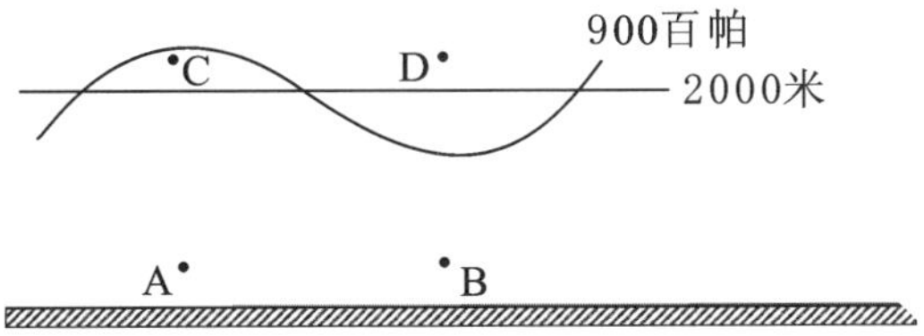

图7 热力环流等压线分布

1. 比较A、B、C、D气压值高低。

2. 判断A、B受热状况(标在图中)。

3. 画出热力环流方向与近地面等压面。

通过对热力环流示意图的绘制，对热力环流进行说明。这一过程，可以培养学生地理核心素养之一：绘制地理示意图的技能。

【板书总结】

等压面弯曲规律：1. 高高低低；2. 高、低空等压面弯曲方向相反。

3. 实践应用，热力环流的典例剖析

合作探究：请同学们分成三组，每组负责画出一个案例的热力环流方向及等压线弯曲情况。(时间为3分钟)每组派出一位同学到黑板画出并讲解热力环流方向及等压线弯曲情况。

师：在学生讲解时分别补充配图讲解。

【合作探究一】

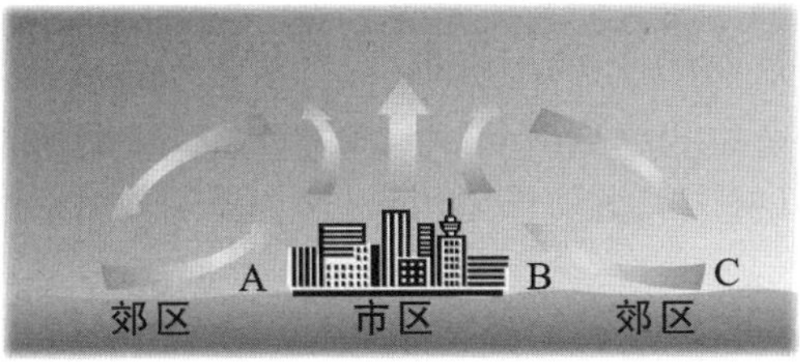

图8 城市风

对空气有污染的工厂应建设在A、B、C中的______地；要改善城市空气质量，最好在______地进行植树造林。通过此探究巩固热力环流原理，并初步建立正确的人地观。

图9 海陆风

【合作探究二】

海边拍照与风向

播放歌曲《军港之夜》“军港的夜啊静悄悄……海风你轻轻地吹，海浪你轻轻地摇……”请同学们找出歌词中欠妥的地方。

生：夜晚应该吹的是陆风，而不是海风。

【合作探究三】略

【合作探究四】

诗词中的地理

引入李商隐的《夜雨寄北》：

君问归期未有期，巴山夜雨涨秋池。何当共剪西窗烛，却话巴山夜雨时。

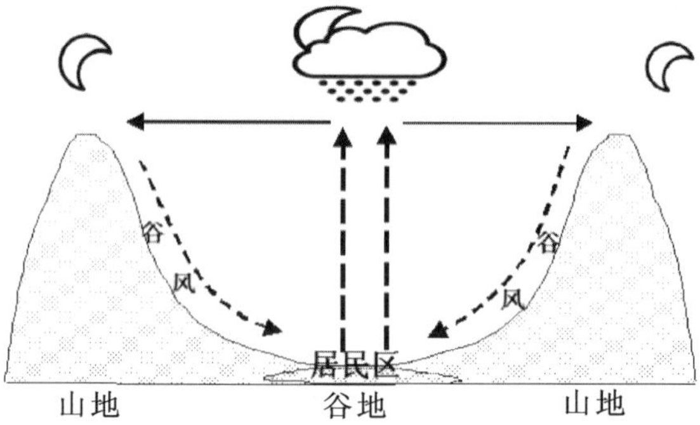

图 10 “巴山夜雨”与山谷风

请同学们结合图 10 思考“巴山”为什么多“夜雨”？夜雨的位置一般在什么地方？

师：山谷风时特别强调山顶一般不画上升或下沉的气流以及谷地上升气流和下沉气流的成因和方向。

【结束语】

通过这节课的学习相信大家对我们生活中每天都会接触到的空气流动现象有了一个新的认识。虽然课堂的内容是有限的，但生活中的地理无处不在，希望同学们能有一双发现的眼睛，发现生活中更多能用热力环流解释的现象。

七、教学反思

自认为本节课最大的优点是与学生的日常生活对接较好，较好地体现了理论联系实际的原则，对学生逻辑思维、学以致用和地理实践能力都有较好的帮助。学生也体会到了生活中包含了丰富的地理知识。

因理论性、逻辑性较强，有一定的理解难度，再加上内容选取得太多，教学节奏上显得前松后紧，讲授前期的基础概念和原理时速度较慢，学生活动在时间上又有些仓促，以至于最后时间来不及。下次可以将探究活动再做精简，比如重新设计合作探究 3 等。

课例五:水循环的地理意义

浙江省宁波市镇海中学　黄薇

一、教学内容分析

《水循环的地理意义》是自然地理的经典内容之一,是自然界大规模的物质运动和能量交换的重要方式之一;是区域地理环境形成的背景原因之一。本部分内容主要包括水循环对全球性地理环境的总体影响和水循环的各个环节对地理要素的具体影响两部分。其中对全球的影响有各环节沟通了四大圈层和对高、低纬间热量传输与调节方面的影响(海上内循环为主)等;各个环节对地理环境的影响,有降水、地表径流对局部地区的地表水、地形形成等方面的影响。各环节与其造成的地理影响之间的内存关系,体现了对地理学习的综合思维的要求。各环节对地理环境和具体要素的影响示意如下:

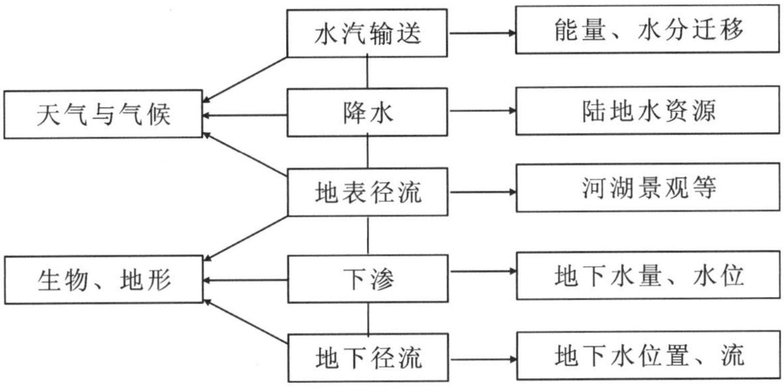

图1　水循环各环节对地理要素的影响

二、学情分析

水循环的地理意义主要是从各环节的逻辑结构关系去理解的,抽象和概括的思维要求较高。本节内容是在介绍了水循环及各环节后学习的,有了一定的知识储备,但学生对水循环各环节的认知凭借的是具体的事例和经验,还没有经过思维加工,这会导致在水循环地理意义的教与学之间经常会出现思维偏差和冲突。所以在教授本部分内容时,要借助具体、真实的案例,为学生创设贴合他们实际生活和思维水平的情境,利用有层次的问题链,帮助学生化抽象为形象,化经验为科学,有效实现知识体系的建构和能力、素养的内化。

三、教学设计

教学目标	通过案例说明水循环在塑造地形、更新水资源、促进物质迁移和能量交换等方面的作用和意义,培养区域认知和综合思维素养;树立科学的人地观和水资源观。
教学重、难点	重点:说明水循环对地理环境的具体影响。 难点:从人地关系视角提出解决与各环节相关的现实问题。
课时	0.5 课时

教学方法	启发引导法、案例分析法、讨论法、分析法、比较法、归纳法。
成立学习共同体	小组划分：按照座位表，前后桌四位同学为一组。 小组分工：各小组推荐一名组长，组织讨论并代表小组发言；推荐一名记录员，将组内讨论的内容详细记录。

四、教学思路

本部分内容的学习，从认知特征角度入手，针对学生的空间想象和逻辑推理能力不足问题，教学中要为学生提供丰富的感性材料，创设熟悉的情境，形成具体的问题。本人选取了浙江淳安县当地学生较为熟悉的千岛湖为案例，形成教学中的“情境线”，帮助学生提升对区域特征、区域中的问题进行分析、解释和预测的能力，进而达到体会、理解水循环的地理意义的目的。通过观察前段时间的影响当地较强的台风这一特殊和典型的水循环方式，分析台风对淳安自然地理环境各要素的影响，形成教学中的“思维线”，有助于学生分析和认识地理环境，以及它与人类活动的关系，进而从整体性角度把握人地关系的协调。教学的推进从感性信息分析到理性思维形成，逐步深化，让学生更好地在真实的情境中观察、感悟、理解地理环境，增强地理实践力和人地协调责任感。

五、教学实录

【导入】浙江因水而名，淳安因水而兴，千岛湖因水而美。那么淳安的水是从何而来的呢？——大部分是由夏季风从海洋上带来。将水从海洋带到陆地上最激烈的形式就是——台风。

【PPT 台风影响淳安图】

师：请同学描述今年中秋节受台风莫兰蒂的外围气流影响，淳安那天的天气情况。

生：从上午开始，大雨到暴雨，整整下了一天，并且时常还伴有大风。

师：这就是一次较强的水循环过程。我们一起在这张剖面图中画一画这次台风带来降水过程的始末。

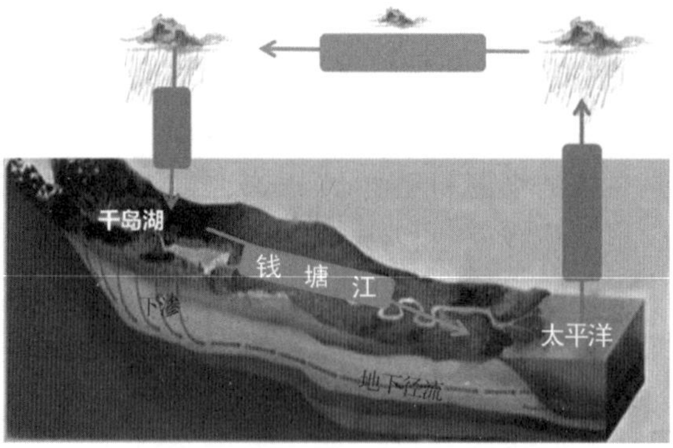

图 2　千岛湖地区某次台风水循环示意图

【学生活动】在图中填出水循环的环节。（2 分钟）

师：我们再请一位同学来讲一讲这次水循环的整个过程。

生：先是在太平洋的热带洋面上水汽蒸发旺盛，空气受扰动后逐渐形成了台风。由于此时大陆上仍是低压，吸引台风上岸。随着台风在浙江、福建一带登陆、北移，迅速影响到了淳安，这是水汽输送的过程。最后在淳安形成暴雨，给我们带来了丰富的降水。淳安的降水最后都汇集到钱塘江里，通过地表径流的形式又回到太平洋里。

师：那是不是所有的降水都只在地表流动，最后通过钱塘江水又全部回到了海洋？

生：不是。

师：那还有一部分水到哪里去了？

生：从地表渗透到了地下。

师：这就是水循环的另一个环节——下渗。

师：地下水会停在原地不动吗？如果流动，其方向如何？

生：不会。会向更低的地方流动。

【小结、过渡】这一完整的过程就是海陆间水循环，也叫大循环。这一循环也是对陆地和我们人类社会影响最大的水循环类型。以这次台风为例，其降水和地表径流分别会给我们淳安地区的地理环境造成哪些影响呢？请各小组分别从天气与气候、地形与地貌、水量、土壤、生物等方面进行探究。

【小组活动】说明：每组从当地小气候、地形地貌、水量、土壤、生物等方面自由选取探究主题，但至少覆盖两个主题。学生合作讨论时，教师播放和展示资料包中收集的原始材料。

【合作探究一】

材料一：

图 3　强降水后的冲沟

图 4　强降水后的堆积物

师：各组选的最多的是天气与气候、地形与地貌、水量，那我们就以这三个为例来说明水循环对这些地理要素的影响。

【合作探究二】（讨论 2 分钟，说写 5 分钟）

【小组展示】找 3 个小组分别阐述（5 分钟）

水量	增加了水量，更新了水资源
地形和地貌	流水侵蚀、沉积，改变了地表形态
天气与气候	带来降水，气温变低，湿度增大，气温日较差、年较差变小

【点评】师生共同点评、完善各组展示的结论。

【过渡】同学们说了很多，包括的内容也非常丰富。接下来我们一起来总结一下水循环的地理意义。

【板书】1. 更新了水资源。2. 塑造了地表形态。

师：降水变多，气温变低是这次台风带来的结果，从长期来看会影响气候特征的形成和生态系统。水循环本身（水汽输送和降水）是气候形成的原因之一，也反映了当地气候的特点。降水、地表径流、地下径流也深层次地影响当地的生物生长和生态状况。

【板书】3. 水循环影响气候和生态。

师：这就是水循环的三个地理意义。

【过渡】我们刚才是以淳安为例小尺度地探究水循环的地理意义，如果从整个地球圈层的大尺度角度考虑，在这个过程中，水循环联系了哪些圈层？

【学生】大气圈、水圈、岩石圈和生物圈。

【过渡】在水的三态变化过程中，伴随着物质的迁移和能量的交换，让看似独立的各大圈层，通过这种物质的迁移和能量的交换形成了相互联系、相互作用的整体。

【过渡】根据天文学知识，纬度越低的地区，获得的太阳辐射越多，日积月累以后低纬地区的气温、水温都将会越来越高，而两极地区将相反。但是为什么没有出现这种现象呢？

【学生讨论、回答】

【教师总结】大气环流、水循环和洋流一起调节了高、低之间的热量，使得各地区的热量多年总体平衡。

【课堂练习】从水循环的地理意义角度出发，我们在利用千岛湖水资源时应注意些什么？（水资源是否“取之不尽，用之不竭”呢？）

【师、生】就某一地区而言，水循环带来的水量是有限的。如果人们用的速度超过了水循环的速度，将会导致水资源短缺。另外，千岛湖是杭州等城市的水源地，还要保护好环境，不能使其污染。

【总结、板书】

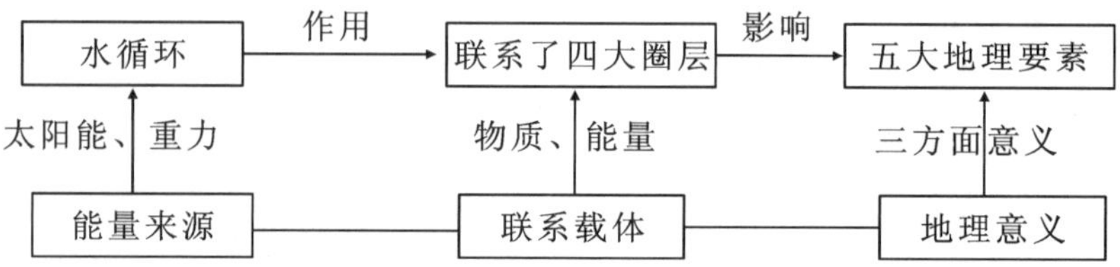

六、教学反思

水循环的地理意义在课标中的要求是“理解”，从程度上区别于水循环的过程和主要环节的“识记”要求，本质体现了对地理综合思维素养的要求，因此是水循环有关内容的教学重点和难点。反思以前的教学，课堂多以老师自己的描述和讲述为主，在教学目标的达成上并没有完成这一要求。

本节课的教学考虑到高一学生现有的思维方式和知识结构，力求创设熟悉的教学情境，从身边的地理事物和已具备的知识出发，去探究新的地理原理和规律。比如以近来发生的台风导入新课，以此为基础设计教学活动；再比如塑造多种地表形态这一地理意义，就是基于学生之前已有的外力作用知识——流水作用的实际应用，同时能让学生结合当地环境，在较好的区域认知背景下，差异性地分析和认知地理环境。

但是对气候的影响特别是日较差、年较差的分析，得到物质迁移和能量交换这一地理意义，却是较为困难的。针对这一难点，本节课在教材内容基础上进行改进、补充，设计了水循环发生的更大尺度的空间——四大圈层，并且在这个过程中渗透自然地理环境的整体性的思想，但是在此处展开是否符合学生的认知规律也值得思考。

注：本课为笔者2017年浙江省优质评比课的教学设计。

课例六:海水的温度和盐度

——图文转换与综合思维教学尝试

安徽省无为县襄安中学　耿勇

浙江省宁波市镇海中学　赵守拙

一、教学内容分析

地表有71%的海洋,海洋中有丰富的资源、能源,海洋是人类未来发展的蓝色家园。了解、认识海洋,是开发和保护海洋的基础,也是培养家国情怀、国际视野的重要载体。海水的温度、盐度分布规律是许多海洋地理特点和规律的形成基础,通过对海水理、化性质的分析,可以为后面的海洋开发和海洋环境问题与保护奠定基础。因此,本部分内容是海洋地理的最基础部分。

海水的温度分布属于其物理性质,海水温度的分布状况包括水平和垂直两个方向。其中水平方向上的温度分布主要取决于当地海面吸收的太阳辐射量与支出热量的差值;约4℃以上的海水其垂直温度分布与深度呈反相关。海水的盐度分布属于化学性质,表层海水盐度与当地的降水、蒸发及河流注入等因素关系密切。分析海水的温度、盐度分布规律,必然与全球太阳辐射量分布、气压带风带分布、海陆轮廓、沿岸河流状况以及洋流分布等因素有关,这些因素具有明显的地域性,其最直接、形象的表达方式是图、文和表格等,因此本内容的教学集中体现了对区域认知、图文转换和地理综合思维等能力的要求。

另外,本部分内容与物理学科有一定联系,体现了地理学科的综合性。

二、学情分析

学生已经具备了全球气压带风带的分布、气候、太阳辐射等相关知识,理解本内容应该难度不大,但对于水体的相态变化与热量的吸放关系,还需要做一定的物理知识的铺垫,同时对于影响盐度分布的全球气温和降水分布知识,必须要做必要的图形补充,才能使学生对本节内容的认识更加完整,以便减少认知难点和盲点。

三、教学目标

1. 知识与能力

了解全球系统中海—气相互作用和海水的温度及盐度概念;识记海水的温度、盐度的分布规律及其影响因素;培养学生运用图表分析问题的能力,提升图文转换能力。

2. 过程与方法

通过相应的地理图表、案例以及生活情境,引导学生自主学习,发现规律,归纳总结,提升思维总结能力;通过与物理学科间的综合联系,分析、理解影响海水温度和盐度的因素,提升综合思维素养。

3. 情感、态度与价值观

通过对我国沿岸海洋的了解,树立海洋观念,增强海洋意识,进而培养家国情怀和国际视野。

四、教学设计思路

环节一：情境导入，强化认识——强化学生对海洋的感性认识，提高学习兴趣，为本节课的内容学习打下基础。

环节二：材料分析，自主探究——通过小组活动的形式，形成对展示材料和图形的分析探究，推测影响温度和盐度的综合因素，归纳分布规律。

环节三：总结归纳，提升能力——通过网络状结构图对影响海水表层温度和盐度的分布规律和影响因素进行归纳和总结，提升学生的综合思维能力。

五、教学实录

<table>
<tr><th>教学环节</th><th>教师活动</th><th>学生活动</th><th>设计意图</th></tr>
<tr><td>情境导入</td><td>情境导入1：看统计数据，比较家乡宁波和乌鲁木齐市的气温年较差，为什么家乡的气温年较差较小？
情境导入2：老师从海边采集了纯天然海水，请两位勇敢的同学感受大海的味道。</td><td>读表并回答：<table><tr><td>城市</td><td>亚热带季风气候</td><td>28.0℃</td><td>4.7℃</td><td>约23.3℃</td></tr><tr><td>乌鲁木齐</td><td>温带大陆性气候</td><td>25.7℃</td><td>－15.2℃</td><td>约40.9℃</td></tr></table>沿海城市受海洋影响大，气温年较差小。
学生体验海水的味道：咸、涩。</td><td>激发兴趣。</td></tr>
<tr><td rowspan="2">新课学习</td><td>过渡：刚才大家了解到了海洋对我们家乡气温的影响和海水的味道，今天我们就来认识海洋、了解海洋！
（板书）
一、地球上的海洋
指导学生阅读教材，了解海洋基本概况，提炼关键词。</td><td>学生阅读教材，并提炼：
1. 地球的水库（咸水）
2. 大气的热源（水温）</td><td>读书、提炼，铺垫。</td></tr>
<tr><td>海水所含热量的标志就是海水的温度。
（板书）
二、海水的温度
热量收入和支出
生活情境：夏天游泳时，水面表层温度和底部温度有差异吗？为什么？
海洋热量的收入，主要是来自太阳辐射的热量。海洋热量的支出，主要是海水蒸发所消耗的热量。</td><td>思考、明确热量与温度两个概念之间的联系与差别。
学生回答：有差异，表层水较热，接收的太阳辐射多，所以水温高；底层水接受太阳辐射少，所以水温低。
得出结论，海水温度和太阳辐射多少有直接关系。</td><td>由生活到地理到原理。</td></tr>
<tr><td>合作解惑</td><td>海水接收太阳辐射后热量会增加，那么海水的热量是如何支出的呢？
要求学生独立思考后交流、回答。
另外，回想我们初中学过的物理知识，液体蒸发变为气体时，其中的热量（能量）会有什么样的变化？</td><td>答：海面会辐射给大气热量；另外，蒸发也要消耗大量热量。因为物体三态变化是伴随能量变化的，水的蒸发是由液态变为气态的过程，需要吸热。反之，要放出热量。</td><td>体会学科联系，形成综合思维能力。</td></tr>
<tr><td>设问过渡</td><td>大家都知道，由于日地距离不变，地表的年平均温度也是稳定的。那么一年中，整个海水的平均温度会有变化吗？为什么？</td><td>答：整个海洋的年均温是不会有太大变化的；原因是海洋作为一个整体，热量的收支是平衡的。</td><td>逐步明确，层层递进。</td></tr>
</table>

续表

教学环节	教师活动	学生活动	设计意图
总结归纳	2.表层海水温度的水平变化： 读图，分析、思考影响海水温度高低的因素。 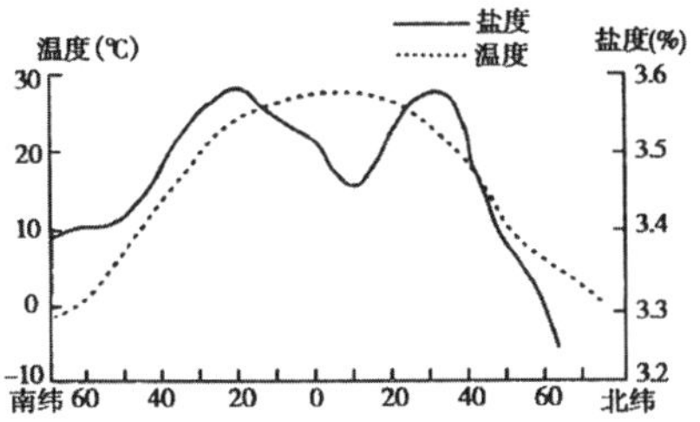 世界不同海区海温分布有什么特点？为什么？那么，同一海区，不同季节的水温相同吗？为什么？展示世界一月份和七月份海平面年平均气温分布图。	答：低纬度海区的水温高于高纬度海区的水温。主要原因是不同纬度地区的年均正午太阳高度不同，获得的热量不同。低纬海区热量总收入大于支出，水温高；高纬相反。 学生进一步归纳：同一海区的水温，夏季高些，冬季低些。由于夏季热量收入多于支出，故水温高；冬季相反。	图文转换，以理解图从空间到时间。
合作探究	展示世界洋流图，对照一月份和七月份气温分布图，要求学生讨论、探究：①北太平洋（北大西洋）北纬 30 度附近大洋东西岸的等温线有何特点？②反映了什么样的水温差异？③形成的原因是什么？ 学生回答时，留意整理板书。	探究结果：①明显发生了弯曲，东部比西部水温高。②因日本暖流和加利福尼亚寒流的影响。 结论：同纬度海区，同一个季节，海水温度差异的原因在于东西岸洋流的差异。	循序渐进，要素综合。
小结过渡	同学对于不同海区海温的水平分布规律及影响因素已经清楚，那么，海水在垂直分布上的温度是怎样的？	学生有各种猜测：上下相同、下冷上热、不同海区可能不同……	由表及里，由浅入深。
读图归纳	3.海水温度的垂直变化：给出统计图 读太平洋西经 170°附近三个不同纬度处观测站水温随深度而变化图。 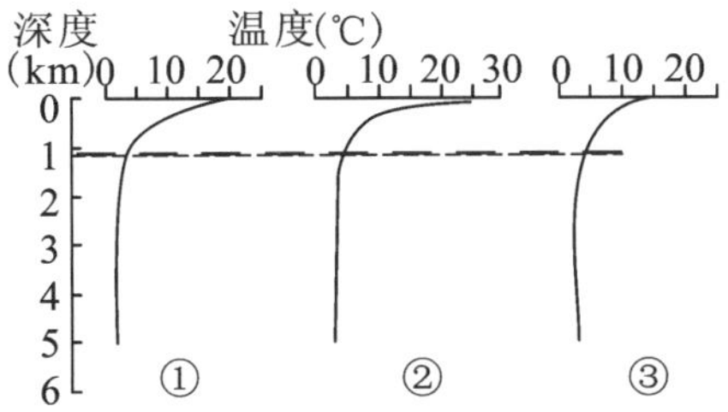 ①归纳海水温度随深度变化的总体特点及原因。②说出 1 千米以下海水温度的特点及原因。	学生归纳海水的垂直分布规律： ①从表层到深层，水温渐低，1 千米以下几乎无变化。原因：表层海水接受太阳辐射量大，温度较高。底层接受太阳辐射量少甚至没有，导致温度较低。 ②1 千米以下海水约为 4℃左右；原因是 4℃左右的海水密度最大，保持稳定。	由水平到垂直，全面分析，印证海温影响因素。

续表

教学环节	教师活动	学生活动	设计意图
图形分析	下图为亚欧大陆气温年较差分布示意图(单位:℃):分析沿海与内陆城市气温年较差的差异及原因。 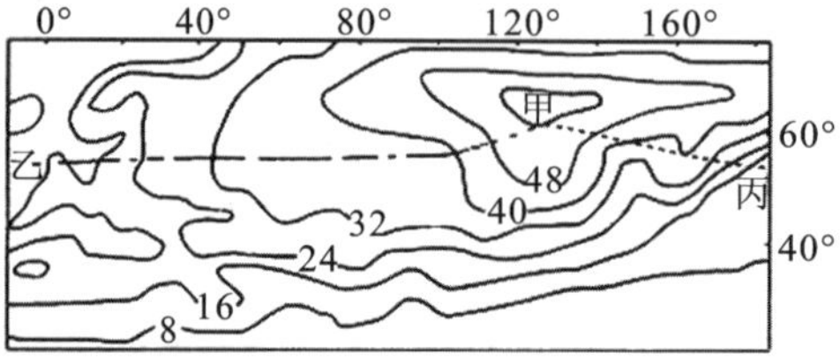 (板书) 4.海水对大气温度有调节作用	学生思考回答: 沿海地区的气温日较差较小而大陆内容大。原因是海水的温度变化比陆地温度变化小;海洋上空的气温变化比陆地上空慢;沿海地区受海洋影响较大,气温年较差小。 学生思考:陆地径流携带大量	以题推理,讲练结合。
承转过渡	刚才尝过海水味道的同学说海水是咸的,那么海水为什么会是咸的?海水中的盐类物质是哪来的呢? 教师解惑:海洋盐类也会因为化学沉积、人类利用等因素在支出,所以不会继续咸下去。	盐类物质到达海洋,海洋蒸发掉的是水分,留下来的是盐分,久而久之,盐类物质越来越多,形成了咸水。 学生质疑:海水会不会进一步	了解机理,铺垫盐度教学。
概念认识	三、水的盐度 (板书) 1.含义:单位质量(100克)海水中所含盐类物质(氯化钠和氯化镁)的质量。世界大洋的平均盐度为3.5%。	咸下去呢? 学生认识到盐度是单位质量海水盐类物质的含量。	核心概念解读。
承转过渡	海洋中的总盐度基本稳定。但是,在不同海区和同一海区的不同时段,观测到的盐度是不同的。读图分析,归纳全球海洋表层盐度分布规律。 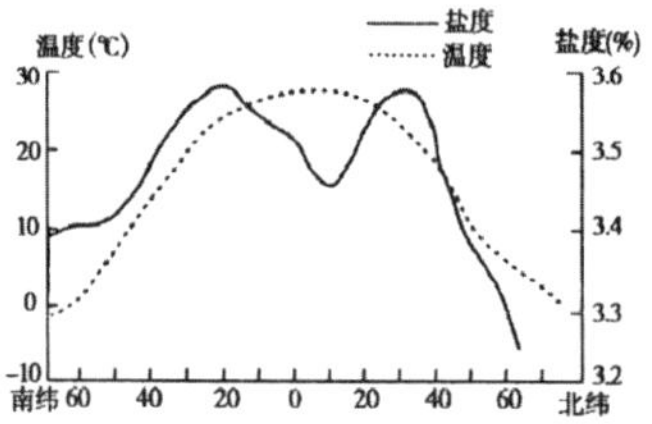 (板书) 2.分布规律:由南北半球的副热带海区向南北两侧递减。	学生阅读,思考各海区盐度差异的原因。 读图归纳:从副热带海区向高、低纬递减,形成马鞍状曲线,赤道附近盐度较低,副热带海区较高。	图示规律,总结归纳。
探究影响盐度分布的因素	PPT展示世界海水盐度分布图、世界年降水量分布图,思考赤道附近盐度为什么低于副热带海区。 教师启发:盐度高低是由水、盐比例决定的。降水是淡水,会稀释盐分;蒸发会浓缩盐分;而影响蒸发的主要因素是温度。	学生讨论、归纳: 副热带海区降水少,蒸发强,盐度最高。赤道地区虽然温度高,蒸发强烈,但降水也很多,大量雨水稀释海水,所以盐分较低。	由果推因,由图知因。

续表

教学环节	教师活动	学生活动	设计意图
典型案例探究	材料展示：红海、波罗的海区域盐度分布图。 教师引领探究：红海是世界上盐度最高的海区，为什么会这样？ 教师启发为主，师生共同得出结论：红海地处副热带高压控制区，年降水量很少而蒸发量很大；注入红海的河流及水量很少；南端为较窄的海峡，北端为运河，海区封闭度较高，与外海海水交换量小。其中后两点尤其要求学生仔细观察地图，主动得出。	学生迁移探究：波罗的海是世界上盐度最低的海区的原因。 自主归纳：波罗的海在60°N附近，多温带气旋，降水多而蒸发量小；沿岸是温带海洋气候，降水丰富，陆地径流汇入较多；它与北海相通的水域狭窄，水体交换少，因而成为盐度最低的海区。	分析案例，综合分析，加深理解。
拓展延伸	海区内盐度高低主要是由水、盐比例决定的，但除了上述四大因素以外，还有哪些因素会影响到海水盐度呢？请思考高纬度海区结、融冰现象，寒暖流的差异对盐度的影响。	学生探究：海水融冰时，淡水补充增多，盐度会降低，反之增加。而当暖流经过区，由于温度较高蒸发量较大，盐度比周边高，寒流则较低。	综合思维。
板书整理	（板书） 3.影响盐度分布的因素：降水量、蒸发量、陆地径流量、海区封闭度、结融冰与寒暖流	建构文字知识体系。	形成知识结晶。
课堂小结	本节课主要介绍了海水的温度和盐度，重点分析了影响海水温度和盐度的分布及其影响因素。那我们能否对两者的影响因素做一个图示总结呢？ 给出空白示意图形，要求学生尝试归纳。 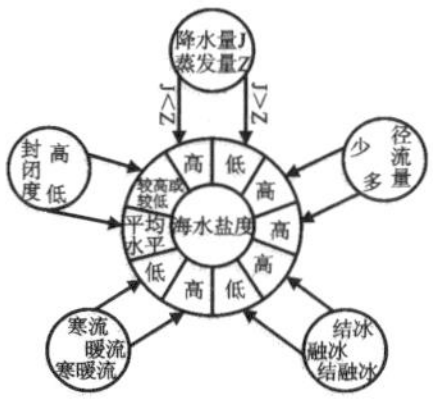 	学生归纳建构示意图： 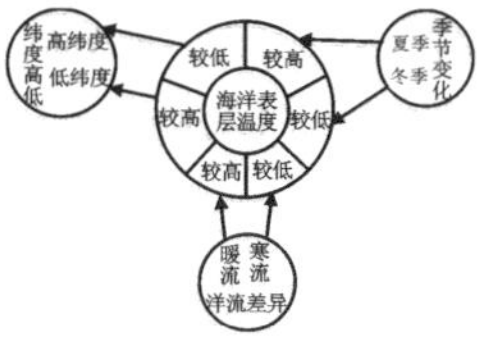 选取代表，同学点评、纠正、补充。	图形建构知识体系。
小结延伸	本节课主要通过具体图表数据来分析海水温度和盐度的分布规律及影响因素，在分析的过程中大家已经深刻感受到影响因素之复杂，需要缜密的思维。可想而知，科学工作者在绘制这些图表时付出了多大的辛劳！当然，我们今天的努力学习就是为以后的科学探索做准备！	学生感受：成果形成来之不易，我们需要不断学习和探索。	培养科学探索精神。
巩固	略		

六、板书设计

海水温度和盐度

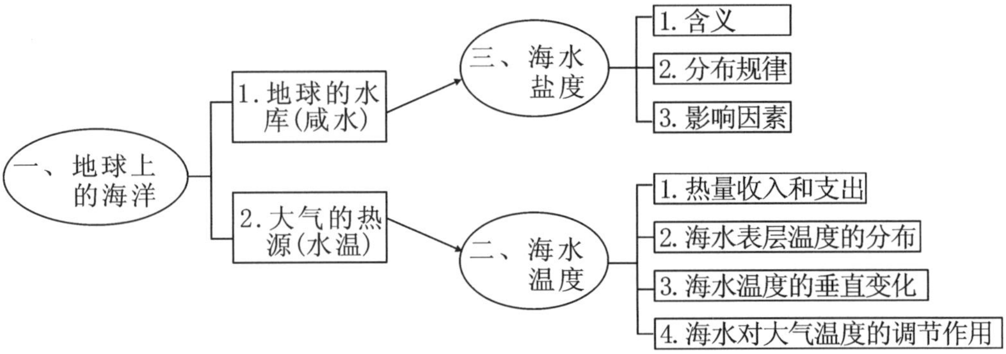

七、教学反思

本节内容的课堂教学以后，通过学生的课堂反馈以及个人课后的一些思考，有得有失，有思有悟。课堂的整体设计较为流畅，从情境导入——材料分析——总结归纳，由点到面，由浅入深，循序渐进，提升了学生的综合思维能力，具体有以下四点感受：

(1)“真体验”——首先从本地区与其他地区的气温年较差比较和海水咸味的现场体验入手，拉近了学科知识和生活情境的距离，让学生产生“知识就在我们身边，知识来源于生活”的感受，激发了学生的学习兴趣。

(2)“真数据”——本节知识点的学习主要通过展现图表的形式再分析，“用数据说话”，即让学生了解到本节内容的学习是建立在真实数据之上，学会通过真实数据的表象分析背后内在的因素，由表及里，细致分析。一方面使学生在分析的过程中感受影响因素之复杂，思维之缜密；另一方面让学生感受到科学工作者绘制图表之复杂——探索之难！这不仅培养了学生的综合思维能力，也塑造了学生探索真知，求真务实的科学价值观。

(3)“真思维”——通过文字概念的理解以及学科间的知识联系渗透，学生强化了对概念的深度认识，促使学生产生思维的前提，进而对数据图表的细致分析，激发了学生的思考，使学生能够真真切切地感受到图表背后复杂的因素，需要综合思考，缜密思维，方能做出准确的分析判断；最后通过网络状结构图的分析展示，对知识点进行了有效的梳理，形成了知识的结晶，培养了总结性思维，渗透了学科核心素养。

(4)“假探究”——小组合作探究没有很好地深入进行，本节课的教学容量较大，两大知识点：海水温度和盐度的分布规律及影响因素，牵涉面广，知识量大，从课堂教学过程来看，存在着学生之间探究时间不足，进而使探究的过程流于形式化，没有形成有效的探究，教师讲解偏多，师生、生生对话不够，这要求学生自己进行更深入的研究和探索，或许，这就是促使学生自己不断学习的动力所在！

注：本文发表于《地理教学》2018.20期。

课例七：土壤

——基于人地协调观的教学设计探究

江苏省苏州市工业园区星海实验中学　金爱春

一、教学内容分析

《联合国防治荒漠化公约》第二次科学会议于2013年4月9日在德国波恩召开，公布的最新数据显示，土地退化带来的损失已相当于全球农业领域国内生产总值(GDP)的5%，采取可持续的土地管理迫在眉睫。而土壤是土地中具有生产意义的、核心的组成部分，土壤的基本特性是具有肥力，能够生长植物，因而对农业生产影响巨大。人类只有充分了解和认识土壤，才能合理利用土地资源，实现人地协调发展。

《土壤》是必修一中自然地理环境要素的最后部分，本节内容以其为研究对象，具体介绍三大内容：首先，认识土壤的组成及肥力特性。具有肥力是土壤的本质特性，而肥力的高低又取决于具体的土壤物质组成，人类活动可以改变土壤组成，影响了土壤的肥力，进而影响农业生产。其次，分析土壤的形成过程。成土过程是个复杂的过程，需要一定的空间条件和时间长度，这其中生物扮演着极其重要的角色。这是本节的难点之一，教学中需要进行一定的分析和讲解；同时，人类活动也可以影响成土过程，产生有利或不利影响。最后，介绍土壤在自然地理环境中的地位，突出环境的整体性特征。总体来说，本节内容的核心就是以人地关系为主要线索，不合理的人类活动会影响土壤质量，产生环境问题，激化人地矛盾；只有尊重自然规律，合理利用土地，才能达到人地协调，实现可持续发展。

二、学情分析

土壤作为自然环境包括人类活动相互作用的综合产物，与区域内的地质条件、气候、水文、生物等等有着极为密切的关系。而学生对于大气、水、岩石、生物等内容已经有了一定的认识和了解，这为本节内容的学习做了一个铺垫。另外，如果是出生在农村的学生，他们对于土壤已经司空见惯，有一定的感性认识，这也为本节课打下良好基础。但实际上从现状来看，城市中的大多数学生并没有农业生产的体验和感受，对土壤和农业关系缺乏真切的感受，所以课堂前必须要提前布置任务，让学生仔细观察学校植物区的土壤现状。课堂上再通过具体的图形和案例进行展示和说明，然后结合教材中的图文进行分析，方能取得较好的教学效果。另外，学生对土壤的形成过程认识不够，成土理论可以做适当补充，利于学生从本质上把握这一地理要素，也能拓展他们的视野。

三、教学目标

1.知识与能力

了解土壤的概念及图示其组成成分；能够举出实例说明土壤的肥力特征；能够用因果关联示意图表示土壤在陆地环境中所起的作用，特别是与农业的关系；说出生物在土壤肥力形成中的作用及人类活动对土壤正反两方面的影响。

2.过程与方法

通过实物观察和图形、材料阅读，认知土壤的肥力特性及成分组成，提高学生读图和观察能力;结合案例和农业生产活动实践的分析,使学生认识到土壤对农业生产的巨大影响以及生物和人类活动在成土过程中的特殊作用,培养理论联系实际和综合分析问题的能力;综合图文信息,归纳分析土壤环境在自然环境中的地位,增强学生的整体思维能力。

3. 情感、态度与价值观

分析人类活动对土壤成分和成土过程的不同影响,使学生认识到只有合理的人类活动才能促进人地持续发展,树立对土壤资源和环境的合理利用及保护的观念,形成正确的人地协调观。

四、教学设计思路

(1)案例介绍 实物观察——通过具体案例介绍使学生认识到土壤对自然环境和人类生产产生的重大影响,既强调了土壤的重要性,又提出了本节课的主要线索——人地关系,同时通过实际采集的标本加强学生的直观感受,激发学生的学习兴趣。

(2)组成说明 过程分析——土壤的肥力特性与土壤成分密切相关,先由概念介绍到分析组成再回归到肥力含义本身,加深学生对肥力特性的全面理解。成土过程的介绍先结合成土理论的背景,再对照图文,展开对成土过程的逐步分析。

(3)实际应用 人地协调——无论是土壤组成成分和肥力特性的解释说明,还是土壤的形成过程分析,始终强调人类活动对其产生重要影响,只有合理开发利用,才能持续发展。

五、教学实录

【投影展示】东北地区的土地退化现象及其危害,让学生认识到土壤对农业生产的重要性以及对环境的重大影响。

【新课导入】今天我们就来学习对人类及自然环境影响深远的,同时也是在地表上分布广泛的重要地理要素——土壤。

【实物展示】展示三瓶从学校附近稻田、山地和学校沙坑内采集的泥土、石块及碎屑物质和沙粒,提出问题:哪种物质是土壤?它为什么是土壤?

【学生回答】稻田里的泥土是,山地采集的和沙坑里的沙粒不是。因为前者具有肥力,且能够生长植物,而碎石上难以生长,沙粒上基本不能生长植物。

【板书】

1. 土壤的肥力特性及重要性

(1)含义

【承转过渡】土壤和其他地表物质最大的不同在于其能够生长植物,其本质是因为土壤具有的肥力特性。那么,什么是土壤肥力?

(2)肥力

【学生回答】土壤有能同时并持续不断地供应和调节植物在生长过程中所需要的水分、养分、空气和热量的能力,这种能力被称作肥力。

【设问过渡】土壤为什么具有肥力,能持续不断地供应和调节植物生长?因为土壤的肥力特性与土壤的组成有密切联系。土壤是由矿物质、有机质、水分和空气四种物质按一定比例组成的。下面我们请同学们来分析土壤的组成及相应作用。

【学生活动】阅读课本后小组合作,探究思考,组内代表回答,其他同学补充回答。

(3)组成

【教师引导】引导学生从土壤组成、直接作用、产生影响三大方面回答，通过表格方式归纳整理，使知识有序化，利于学生对知识的理解。

土壤组成	直接作用	产生影响
矿物质	释放矿物养分	矿物质经风化分解释放钾、磷、钙、镁等养分元素，供植物吸收，矿物质是土壤中矿物养分的主要来源。
有机质	释放氮素养分	有机质集中在表层，在土壤中含量并不高，释放以氮素为主的养分，供植物吸收。土壤中有机质的含量，通常是土壤肥力高低的一个重要标志。
水分和空气	提供水、热	二者的组成比例常随着外界的变化而此消彼长，共同影响着土壤的水分和热量状况。

【教师小结】综上所述，组成土壤的物质，既有无机物，也有有机物，并且固液气三态并存。土壤中的每种成分都有其独特的作用，它们彼此之间又有密切的关系。正是这些特殊而又相互联系的物质组成，形成了土壤的肥力特性。

【设问过渡】那么，到底什么样的土壤才能算作是肥沃的土壤，以适宜作物生长并为农业生产提供高产稳产的保障呢？

【学生回答】大部分同学回答是“有机质含量高的土壤”。少数同学存在困惑，没有回答。

【教师引导】这么多同学都认为土壤肥不肥就是土壤能否提供有机质，即土壤肥力的高低只取决于有机质的多少。这种认识对不对呢？为什么？

【教师纠正】这种认识是片面的。土壤由四大部分物质组成，有机质只是土壤的一个组成部分，只看一个而忘记整体是地理思维不全面的一种表现。实际上，土壤肥力的高低要取决于土壤中水、肥、气、热四大因子之间的协调程度，以及能否满足植物生长过程中的各种需求。有机质含量多少充其量只是土壤肥力的一个标志而已，不过确实这个标志比较重要。肥沃的土壤能在一定程度上抵抗不利的自然条件的影响，适应植物生长的需要。下面，我们就一起来了解一下最适宜作物生长的理想土壤的体积分数。

【图形展示】投影图片——理想土壤的体积分数。板图土壤结构示意图。

【承转过渡】农业生产首先是绿色植物的生产，而各种农作物的生长必须在土壤中扎根立足，并从土壤中获取养分和水分。很明显，没有土壤就没有农业生产。

(4)重要性——农业生产

【教师启发】但在实际农业生产中，理想土壤是很难大面积存在的，很多土壤并非都很肥沃。为了改善土壤的肥力，使之更利于农作物的生长，勤劳而又智慧的劳动人民在长期的农业生产实践中，发明了很多方法。请大家结合导学案，举例说明人们改良土壤的办法，并结合土壤肥力特性分析其道理。

【学生活动】学生举例，分析原因，教师引导，整理归纳，理论应用于实践。

增施农家肥(草木灰和动物粪便)——增加矿物质和有机质。

翻地——增加孔隙，提高空气含量，起到保温和利于根部呼吸的作用。

灌溉——增加水分，利于养分吸收。

【教师小结】可见，在合理的农业生产和管理下，土壤肥力不仅不会因利用而耗损，反而会不断得到改良和提高。但是如果利用不当，则会引起土壤肥力的减退。

【案例介绍】土壤肥力减退的案例，如我国西北地区的土地荒漠化、过量使用某些化肥致土壤酸化和板结。

【承转过渡】土壤作为一种重要的自然资源，并非是与地球一起诞生的。它是地表在其他要素的共同作用下，经历了漫长的成土过程，才逐步形成的。下面我们来简单了解一下有关土壤的生成学说。

【板书】

2. 土壤形成

(1)成土理论

【背景说明】19 世纪末，俄国的道库恰耶夫提出了土壤生成学说，认为土壤的形成有五大因素：母质、气候、生物、地形和时间。俄国土壤学家 B. P. 威廉斯继承和发展了道库恰耶夫土壤形成因素学说，但他认为生物是土壤形成的主导因素，并指出土壤的本质特性是肥力。而肥力是土壤形成过程中由生物(主要指绿色植物和微生物)创造出来的。

【承转过渡】简单了解了成土理论后，下面我们具体来了解成土过程。请同学们回归教材，阅读图文，归纳总结，思考问题。

(2)成土过程

【学生活动】展示土壤的形成和发育示意图，自主讨论回答：

①土壤的形成和发育过程主要经历了哪几种阶段？

学生回答：成土母质→原始土壤→成熟土壤

②成土过程开始的标志是什么？

学生回答：一些微生物和低等植物在成土母质上开始着生。

③原始土壤与成土母质的主要区别在哪里？是怎样出现这种差异的？

学生回答：土壤肥力增加，微生物和低等植物的作用。

④成熟土壤与原始土壤的主要区别在哪里？是如何实现的？

(土壤中的有机质出现并增加，土壤颗粒发生团聚，土层变深厚，形成一定肥力。高等植物的作用。)“落红不是无情物，化作春泥更护花。”

【板书】

岩石 —风化作用→ 成土母质 —低等植物着生→ 原始土壤 —高等植物着生→ 成熟土壤

【学生思考】通过土壤形成的过程，我们已经认识到生物在此过程中所起到的重要作用，下面我们来深入了解生物对土壤形成的具体作用，展示生物对土壤形成的作用图并请同学们阅读教材文字并整理归纳。

【学生归纳】学生自主整理，代表回答，其他同学可作补充，教师在此基础上投影展示：

①有机质的积累过程。②养分元素的富集过程。

【教师小结】一般在自然成土要素的共同作用下，不同地区形成了与自然环境联系密切的土壤，如我国典型的土壤景观有红壤景观、棕壤景观、灰漠土景观、黑土景观。其中分布最广最为常见的是红壤景观和棕壤景观。红壤(三个标本中就有一个是红壤，学生判断)是我国分布面积最大的土壤，主要分布在长江以南的广阔低山丘陵地区。该地区气温高，雨量充沛，自然植被为常绿阔叶林。棕壤地处暖温带湿润地区，纵跨辽东半岛、山东半岛，也出现在半湿润、半干旱地区的山地中。植被以落叶阔叶林为主，也有少量针阔混交林。

【承转过渡】刚刚我们所介绍的是在自然条件下形成的自然土壤，人类活动也有意无意地参与了成土过程。

(3)人类影响

【举例说明】自然土壤形成后，经过人类开垦，不断翻耕、施肥、灌溉，使土壤不断熟化，由生土变成熟土，熟土变成肥土。如在人类长期的耕作和培育下，形成了高产稳产的耕作土壤——南方的水稻土(三个标本中就有一个是水稻土，学生判断)；北方地区的黑垆则是在旱地上长期耕作形成的。可见，合理的耕作经营，可使土壤不断改良，保持和提高土壤肥力。

【图形说明】展示耕作土剖面示意图，解释说明耕作土壤(农业土壤)是在自然土壤的基础上，经过人们长期的翻耕、蓄水、施肥和培育而形成的。它的表层形成了肥沃高产的耕作层，又称熟化层；下层则形成了紧实的犁底层，具有保肥、保温和蓄水的作用。

【板书】合理耕作——保持和提高土壤肥力

【对比说明】反之，人类对土壤的不合理利用，会引起土地退化，如土壤沙化、盐碱化和水土流失等，展示具体图片。

【案例介绍】西北的土地荒漠化现象。

【板书】不合理利用——土地退化

【承转过渡】刚刚我们简单介绍了土壤的形成过程，在土壤的形成过程中，陆地环境各要素尤其是生物因素起到了至关重要的作用。那么，土壤在地理环境中又具有怎样的地位呢？

【板书】

3. 土壤在地理环境中的地位

【读图思考】展示土壤在地理环境中的地位图，提出以下问题：

(1)图中土壤输出的物质和能量转换成为环境的哪些要素？又从哪些要素向土壤输入物质和能量？

(2)土壤在环境中的作用是怎样的？

【学生讨论】略

【教师归纳】土壤的作用主要有：

①处在环境各要素的过渡地带，是陆地环境各要素综合作用的产物。

②是地表物质循环和能量转化非常活跃的场所，是联系有机界和无机界的中心环节。特别是土壤具有能够生长植物的肥力特性，使地表由岩石裸露变为草木丛生，导致陆地环境乃至整个地球面貌发生了根本的改变。

【课堂小结】本节主要介绍了土壤的肥力特征以及土壤的组成和形成过程。土壤具有一定的肥力，这是它区别于其他地表松散物质的重要属性，也是其成为农业生产重要自然资源的基本条件。而土壤肥力状况直接受其组成物质的制约，同时也受土壤形成条件和时间因素的影响。所以土壤既是陆地环境的组成要素，本身又构成了相对独立的土壤生态系统。

土壤在地理环境中的地位则充分说明了整个陆地环境是一个有机的整体。而人类活动对土壤的影响则具体地反映了人类活动与自然环境的关系，只有和谐的人地关系才能促进人类的发展，走可持续发展之路是人类的必然选择！

六、板书设计

土　壤

1. 土壤的肥力特性及重要性

(1)含义

(2)肥力

(3)组成

(4)重要性——农业生产

2. 土壤形成

(1)成土理论

(2)成土过程

①有机质的积累过程

②养分元素的富集过程

(3)人类影响

①合理耕作——保持和提高土壤肥力

②不合理利用——土地退化

3. 土壤在地理环境中的地位

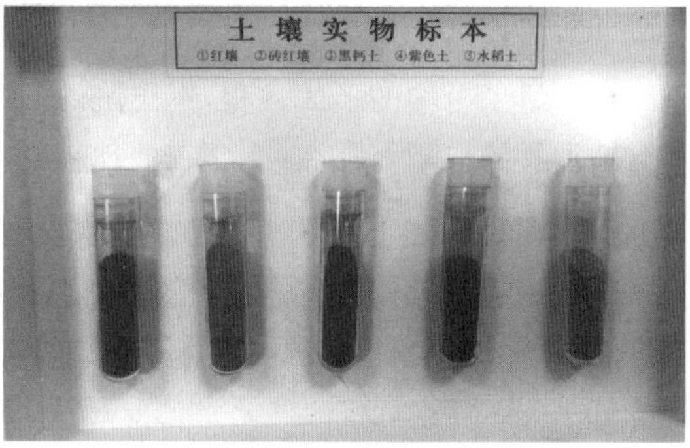

地理教室里的土壤标本

（从左到右，依次为砖红壤、红壤、黑土、紫色土和水稻土）

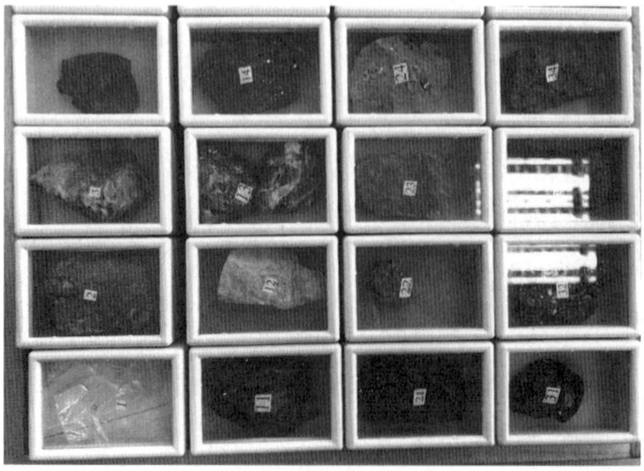

主要矿物标本

课例八:植被

江苏省苏州工业园区星海实验中学　金爱春

一、教学内容分析

自然地理环境由大气、水、岩石、生物、土壤、地形等地理要素组成,自然地理要素是指涵盖区域的自然地理景观和自然条件,如地质、地貌、地势、水文、气候、土壤、植被等,植被作为自然地理环境重要要素之一,其生长与气候、土壤、地形、动物及水状况等自然环境要素密切相关,所以植被种类组成、数量、结构、生活型及生态特点能很好地反应气候、地形、土壤等其他要素特点,被誉为自然地理环境的一面镜子。课程标准要求通过野外观察或运用视频、图像,识别主要植被,说明其与自然环境的关系。本教学以不同地区植被的实物、图像、视频作为探究学习的素材,由感性的认识描述植被及其特征、结构、季相变化;结合学习资料分析植被与自然环境的关系;基于此关系在不同尺度范围内合理运用该知识。如校园植被调查为美化校园提建议,荒漠化地区防风固沙中恢复植被的选择等。本部分内容牵涉到区域的自然地理认知和综合思维,也是培养地理实践力的良好载体。

二、学情分析

经过了系列的地貌、大气、水、土壤等相关知识的学习后,学生对自然地理环境要素已经具有一定的观察、识别和描述能力,自然地理环境的整体性建构也具有了基本的雏形,在此基础上进一步学习适应地理环境的生物要素,并为不同环境下植被的选择和保护提出合理化建议,认知和教学难度不会太大。另外,学生对很多尤其当地的植被及其特点并不陌生,但多是熟视无睹,更无深思。要把各种零散的、感性认知上升到整体的、理性思维,是一个综合思维品质提升的过程,这一过程需要教师适当的帮助和引领,才能顺利完成。

三、教学目标

课程内容标准:通过野外观察或运用视频、图像,识别主要植被,说明其与自然环境的关系。

1. 知识与技能

了解不同植被类型、特征及其分布和季相变化;理解环境特别是气候条件对植物分布的影响;为区域自然环境的协调提出措施和建议。

2. 过程与方法

观察资料、获取信息、课堂讨论、归纳演绎、实地调查感知。

3. 情感、态度与价值观

形成热爱生活、热爱家乡的情感;以空间思维认识自然地理要素,形成相互联系的、发展的观点看待自然地理要素;学会用查阅资料和调查等方法分析问题和解决问题。

四、教学重、难点

1. 教学重点

植物分布与环境关系。

2. 教学难点

植物环境效益的案例分析。

五、课时

1课时。

六、教学设计思路

根据课标要求，教学环节设计如下：

环节一：展示生活中的片段、相关文字素材、科普图片和视频，对比不同地理位置中的森林植被类型、垂直结构、季相变化和特殊现象，探究其与环境的关系。由生活中出发，延伸到乡土，扩大到全国，最终到全球。联系生活，由熟悉到陌生，创设地理教学情境，引入新课，设疑激趣，层层递进、步步为营，最后能为校园绿化建言献策。

环节二：展示文字素材、科普图片和视频，对比不同位置的草原植被类型、垂直结构、季相变化，探究其与环境的关系，并为荒漠附近植被的恢复和保护提出合理对策和建议。

七、教学实录

【导入】(实物展示)校园里典型的植被叶片、市树的叶片、市花的叶片。

【教师提问】该叶片来自校园的什么树种？(后期可借助"形色APP"和百度百科)

【学生回答】教室前面的桂花树，教学楼后面的雪松……(激发学生兴致)

(展示校园和乡土树种图片)乔木、灌木、藤本、市树、市花，不同种类的植被使校园绿意盎然，说说这些树种的叶片特征、季相特征。所有的树种都适应现在的环境吗？我们的生活也因植被而多姿多彩，它们是如何适应环境的呢？

【学生回答】叶片宽阔呈革质，有独立主干，树干和树冠有明显区分，树身高大的乔木(市树香樟)；树叶呈针状，有独立主干的高大乔木；主干低矮，主干不明显，呈丛生状态的灌木(蔷薇)；茎干细长，自身不能直立生长，必须依附他物而向上攀缘的藤本植物(爬山虎、常青藤)。

【教师提问】图片对比苏州市树香樟和海口市树椰子树，两者可以互相调换栽种吗？为什么？

【学生回答】不行，因为各自的自然环境不同，尤其是气候不同，无法适应。

【承转过渡】植被是自然界成群生长的各种植物的聚合体，天然植被主要包括各种森林、草地和荒漠。

共同以小组合作的形式体验"森林之旅""草地之行"。

【探究活动一】"森林之旅"

材料一：苏州市市树——香樟是常绿大乔木，高可达30米，直径可达3米，产自中国南方及西南各省区。樟树多喜光，稍耐荫；喜温暖湿润气候，耐寒性不强，较耐湿，但不耐干旱、瘠薄和盐碱土。

材料二：热带雨林视频、图片，并分析其特有的现象。

1. 板根。热带雨林地区植物一般是把根系扎进土壤，起到吸收水分、养分、供应地上部分茎干、枝叶生长的功能，也起着承受地上部分重力的支撑作用。

2. 滴水叶尖。热带地区每天午后两点左右都会由于强上升气流而下雨，而热带地区的植物较茂盛，雨水顺叶尖流下，形成滴水叶尖。

3. 附生植物。有些植物不跟土壤接触，其根群附着在其他树的枝干上生长，利用雨露、空气中的水汽及有限的腐殖质(腐烂的枯枝残叶或动物排泄物等)为生。在热带雨林中，植物生长茂密，由于植物之间争夺阳光的竞争比较激烈，附生的植物就更容易获取来之不易的光源。

4. 老茎生花。即花开放在树冠顶上、枝叶丛中。专家认为：雨林的常绿树开花结实所需要的养分是贮藏在主干和大枝的，茎花现象便于输送养分，减少能量的消耗。

合作完成1：结合材料一、二和储备知识连线不同图片与热带雨林、常绿阔叶林、落叶阔叶林、针叶林，简述连线理由。

【教师解图】热带雨林树种丰富，树木高大稠密，藤本和附生植物众多；常绿阔叶林植物种类较丰富；落叶阔叶林物种类较少，有落叶现象；针叶林树叶缩小为针叶，植物种类少。

材料三：常绿阔叶和落叶阔叶林视频、图片和特有现象。

除少数热带地区外，各地年内温度呈现出稳定的季节变化规律，植物长期适应于这种节律变化，形成相应的生长发育节律。例如，初春季节，植物开始生长，继而出现花蕾；夏秋高温季节，植物开花、结实，还可能伴有昆虫传粉；秋末降温，植物落叶，进入休眠。

合作完成2：结合材料一、二、三，对比描述不同森林的叶片特征、植物类型、垂直结构、季相变化、特殊现象。

【合作小结】热带雨林叶片非常宽阔，植物种类丰富，有直插云霄的高大乔木，有郁郁丛生的灌木，有善于缠绕盘圆的藤本，垂直结构复杂；有板根、滴水叶尖、老茎生花、附生植物等特殊现象；常绿阔叶林叶片宽阔呈革质，植物种类较丰富，垂直结构较复杂；落叶阔叶林叶片宽阔，物种类较少，垂直结构较简单，植物以落叶、休眠的方式越冬等特殊现象；针叶林树叶缩小为针叶，植物种类少，垂直结构简单。

【承转过渡】一般而言，在较大范围或洲际尺度上，气候是决定陆地植被类型及其分布的最主要因素，植被则是地球气候最鲜明的反映和标志。请看材料四，完成合作3。

材料四：热带雨林分布在热带雨林气候区内；常绿阔叶林分布在亚热带季风气候区内；多数落叶阔叶林分布在温带季风气候区内；亚寒带针叶林分布区一年内月平均气温在0℃以下的月份达6—7个月，月平均气温在10℃以上的月份只有1—3个月。年降水量250—500mm，集中在暖季。

合作完成3：结合材料四，从气候角度探讨不同种类植物是如何适应当地环境的。

小组讨论，代表发言，教师补充，完成下表。

表1

森林类型	热带雨林	常绿阔叶林	落叶阔叶林	针叶林
分布纬度	赤道及两侧	约25°—35°大陆东岸	约35°—50°大陆东岸	大约50°—70°
气候特征	热带雨林气候：全年高温多雨，植物生长期长，循环旺盛	亚热带季风气候：夏季高温多雨，冬季低温少雨	温带季风气候：夏季炎热多雨，冬季寒冷干燥 温带海洋性气候：终年温和湿润，但光照不足	亚寒带针叶林气候：夏季短促温和，冬季漫长寒冷
叶片特征	叶片巨大	叶片宽阔，乔木多革质叶片	东岸季风气候区：叶片宽阔，呈纸质 西岸海洋气候区：叶片宽薄	树叶缩小为针叶
植物类型	种类繁多	物种较丰富	植被类型较少	植物种类少
垂直结构	复杂，不同层次上植物种类丰富	较复杂	层次清楚，自上而下分别为乔木层、灌木层、草本层和苔藓地衣层	简单
季相变化	终年深绿，各月都有花开	终年常绿，花期集中在春末夏初	春夏长叶，秋冬落叶；各层植物冬枯夏荣，季相变化鲜明	——
特殊现象	有板根、滴水叶尖、老茎生花、附生植物等特殊现象	——	又称为夏绿林，有明显的生长周期间隔	——

续表

植物如何适应环境	不同层次植物种类获得不同光热	革质叶片可适应冬季寒风	秋冬季节开始，以落叶、休眠的方式越冬	树叶缩小为针叶，减少散热

【探究活动二】"草地之行"

材料五：热带草原视频、图像和温带荒漠草原图像、文字等。

热带草原气候区内分布热带草原，热带沙漠气候区内有荒漠分布，温带大陆性气候区内若降水较多，则生长温带草原，若降水少，则分布荒漠。

合作完成4：依据材料五，对比填写表2。

表2

植被类型	草原		荒漠
	热带草原	温带草原	
分布位置	热带雨林带两侧	温带内陆地区	热带至温带的气候干旱区
气候特点	全年高温，干湿季明显	冬冷夏暖，降水较少	气候干旱
乔木	稀少	无	无
灌木	稀少	稀少且矮小	少量旱生灌木
草本	叶子狭窄、坚硬或完全退化	高度低	无
季节变化	湿季绿色，干季枯黄	夏绿冬枯	无
特殊现象	——	——	非旱生的短生命植物，短暂降雨季可完成生命活动的周期
植物如何适应环境	乔木树干能储水	植被耐旱，根系较发达	叶成刺状，减少蒸发

材料六：荒漠化防治应在现有经济、技术条件下，以防为主，保护并有计划地恢复荒漠植被。新疆哈密属典型的大陆性气候，年平均气温9.8℃，年降水量33.8mm，年蒸发量3300mm，年均日照3358小时。春季多风、冷暖多变，夏季酷热、蒸发强，秋季晴朗、降温迅速，冬季寒冷、低空气层稳定。

仙人掌喜强烈光照，耐炎热，干旱、瘠薄，生命力顽强。仙人掌生长适温为20—30℃，生长期要有昼夜温差，最好白天30—40℃，夜间15—25℃。

沙棘是一种落叶性灌木，其特性是耐旱、抗风沙，可以在盐碱化土地上生存，因此被广泛用于水土保持。沙棘对温度要求不很严格，极端最低温度可达−50℃，极端最高温度可达50℃。沙棘极耐干旱，极耐贫瘠，极耐冷热，为植物适应之最。

结缕草多生在山坡、平原和海滨草地，可用于运动场地草坪。结缕草喜温暖湿润气候，喜光，在通气良好的开旷地上生长壮实，但又有一定的耐阴性。抗旱、抗盐碱、抗病虫害能力强，耐瘠薄、耐践踏、耐一定的水湿。

合作完成5：如果你要为哈密荒漠地区选择恢复一种植被，你会选择哪一种？为什么？可选植物：仙人掌、沙柳、结缕草。

【学生讨论、回答】新疆哈密属典型的大陆性气候，夏季酷热，冬季寒冷，年较差大，降水少，蒸发大，沙棘的特性是耐旱、抗风沙，极耐干旱，极耐贫瘠，极耐冷热，固可以选择沙棘。

八、巩固练习

住宅的环境设计特别关注树种的选择与布局，不同树种对光照与风有不同影响。下图为华北某低碳社区(40°N)住宅景观设计示意图。读图回答题1。

1. 仅考虑阳光与风两种因素，树种与房屋组合最好的设计是(　　)

A. ①　　B. ②　　C. ③　　D. ④

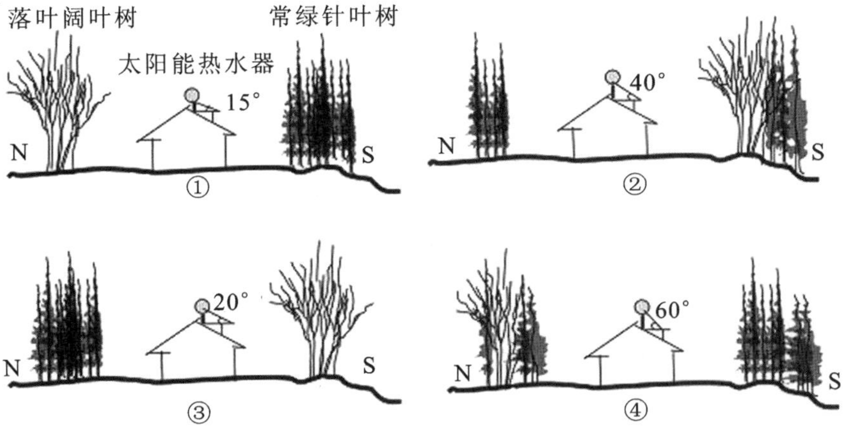

2. 校园调查：请每位同学查阅资料，认识校园内的一种植物，并比较树木生长所需环境和当地环境，判断是否自然适应，为校园绿化提出合理化建议。

名称		
栽种地点		
生长习性	气温	
	降水(或湿度)	
	光照	
	土壤	
	其他	
在我国的分布范围		
实际生长	生长状况	
	可能原因	
是否适应当地环境		
你对美化校园的建议		

九、教学反思

本节课在教学设计上以学生为主体，充分体现了生本教育的新课程理念，能很好地提高学生自身发现问题、描述现象和问题、解决问题的能力。教学亮点主要有：符合认知规律，由熟悉的感性认识入手，描述感性认识，对比不同地区植被的异同点和特殊现象，并以区域的思维去解释其中的原因，从而获得理性知识，获得第一次思维升华；面对不同尺度下的自然地理环境，通过调查或探究的方式最终将理性知识能应用于生活、乡土、社会等情境中，从而达到思维的第二次升华。学生的区域认知能力、综合思维、地理实践力和人地协调观等核心素养都有不同程度的提高。

课例九:银杏的故事

浙江省宁波市镇海中学　应林跃

【导入】展示校园银杏图片(9月初)

师:这张照片大家应该非常熟悉,这是哪里?

生:校园梓荫河北面的银杏树林。

师:银杏知时节,四季有不同。这是它现在的样子,郁郁葱葱的;再过一段时间,它将会有另一番景象,(点击秋季银杏照片),金黄一片,异常美丽。校园的银杏树,一年四季都带给我们美的享受。这节课,我们就来一起探讨有关银杏的前世今生。

一、银杏之美——自然地理环境要素的认识和生物进化对环境变迁的影响

【转承】首先,银杏到底是谁?我们先来看一看目前我国银杏资源的分布图(PPT),请大家回答两个问题:1.概括银杏资源分布特征;(提示:大多分布在哪些地区?)2.大家觉得,银杏资源主要分布在这些地方,与什么有关?

生:多分布在我国相对暖湿的东部、东南部地区。这种分布可能与银杏树的生长习性有关。

【板书】植被——环境

我们请一位同学给大家读一下银杏的习性。

【手势——看PPT】

材料一:现代银杏,裸子植物。喜光树种,对气候、土壤的适应性颇强,但气候温暖湿润,海拔1000米以下,排水良好,土壤肥沃的地区银杏生长状况会更加良好。

师:感谢这位同学。银杏的分布,与其所处的环境密切相关。请大家根据这段材料,概括与银杏生长密切相关的自然地理要素。

生1:光照较好、温暖湿润。

(追问)这些条件都是属于自然地理环境中的哪一要素?(气候)

【板书】——气候

师:好,还有吗?

生2:海拔。

师:对的,海拔属于自然地理环境中的——地形。还有什么?

生3:土壤。

师:对,这就是分布在岩石圈表层的“土壤”这一要素。

【板书】——土壤

师:(PPT)这是老师找到的野生状态下的古银杏群落,在这张图中除了当地的气候、地形、土壤外,大家还发现了哪个自然地理要素?

生4:水。

师:很好,水文是另外一个自然地理要素。这四个自然地理要素共同孕育了银杏这一独特的物种。

【板书】——生物

师：(PPT)生物、土壤、水文、地形、气候，合起来构成了自然地理环境的五大要素。这五大要素在长期的演化历史中，彼此之间形成了相互依赖，相互制约的复杂关系，共同构成一个整体系统。

【转承】大家知道，地球环境并非生来如此，这一适宜生命生存的整体系统是如何演化而来的呢？先请大家观看一段视频。

【视频播放】地球环境的变迁

师：阅读书本 P66—67。结合材料，思考两个问题。1.生命出现前和出现后，地球表层环境分别以什么样的变化为主？2.对地表环境的演化具有重要意义的演化是什么？为什么？

生：前，化学演化；后，生物演化。

师：这是书本的原话，大家应该能够理解其中的含义。建议大家根据材料试着自己去概括。

生 1：原核细胞，能合成有机物。

师：其他同学有质疑的吗？有质疑的尽管站起来没关系。

生 2：可以进行光合作用的生物，能制造氧气。

生 3：真核细胞生物，遗传变异适应环境的能力增强；加速自由氧的积累。

师：大家讲得都对，这些生物对地表环境的演化都有重要意义。地表环境的变迁朝着有利于生物生存的方向发展。

【板书】——环境变迁

二、银杏之源——生物进化的一般序列

【过渡】接下来，我们要解决的问题就是银杏从哪里来，这需要我们了解地球生物的演化史。视频接着播放。

【视频播放】地球生物的演化

师：结合图 3-1 生物进化与环境演变，完成第 67 页的活动题，填表。

等待 1—2 分钟，同桌之间相互讨论一下交流不同的意见。再等待 1 分钟。

【希沃助手】拍摄同学答案

师：请和大家分享一下你的观点。

生 1：(　　)。

师：其他同学有没有质疑？看来大家都同意这位同学的意见，好的。大家在填表时遇到的最大困难就是对表中很多的动植物不熟悉，老师准备了一组图片，帮助大家认识，我们请一组同学来辨认这些代表性的动植物，说出他们所属的类型及主要生活的地质年代。

生 1,2,3,4,5,6

三、银杏之幸——环境变迁引起的生物进化、灭绝

【承接】通过生物进化的学习，我们知道了银杏属于裸子植物，它被进化论奠基人达尔文称为“活化石”，这是为什么呢？要解决这个问题，我们还要看看银杏的经历。

银杏的经历：银杏类植物，最早出现于 3.45 亿年前的古生代晚期——石炭纪。中生代的侏罗纪最为繁盛，并广泛分布于北半球。白垩纪晚期，银杏开始衰退。至 50 万年前，欧洲、北美等世界各地的银杏类植物全部灭绝。但我国的一些狭小深谷中，银杏存留了下来。

师：根据这个材料大家发现，银杏的经历比较坎坷。银杏经历了侏罗纪这一短暂的繁荣期后，是什么原因让它衰退，并且近乎灭绝的呢？

材料一：

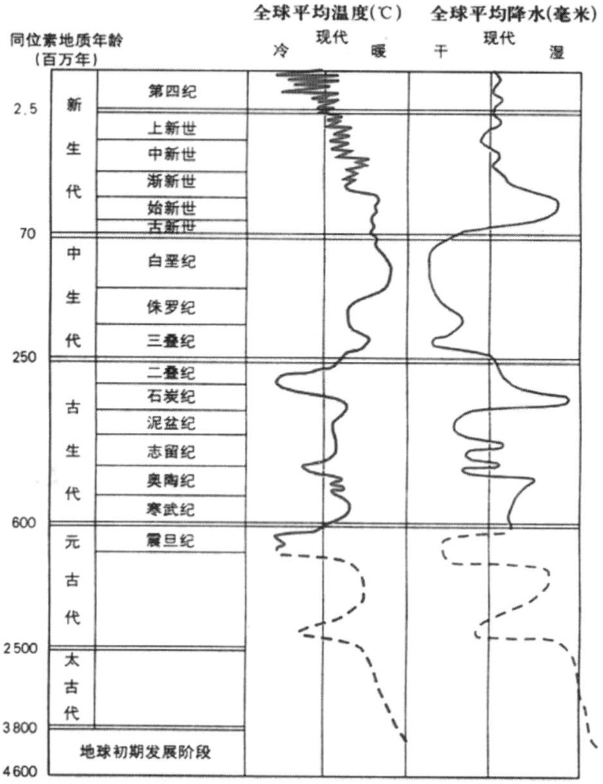

图 1　地质时期气候变化

材料二：

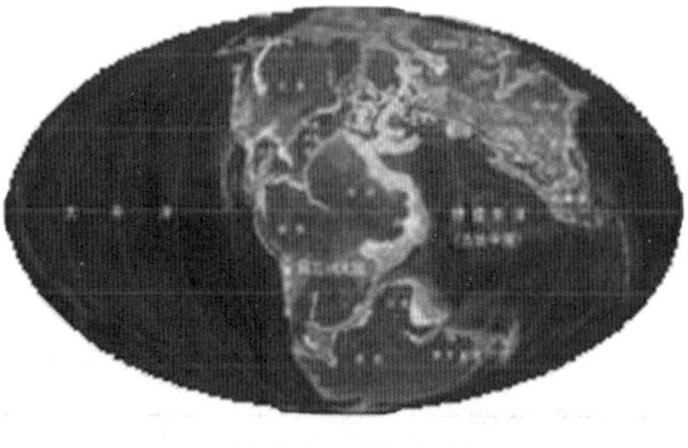

图 2　侏罗纪纪海陆轮廓

图 3　白垩纪海陆轮廓

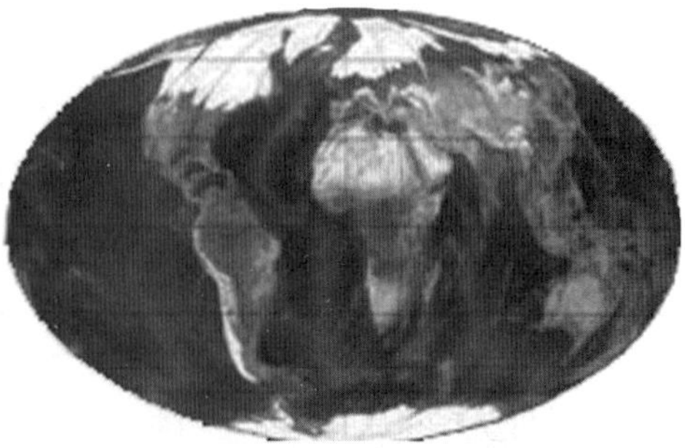

图 4　第四纪海陆轮廓

材料三：

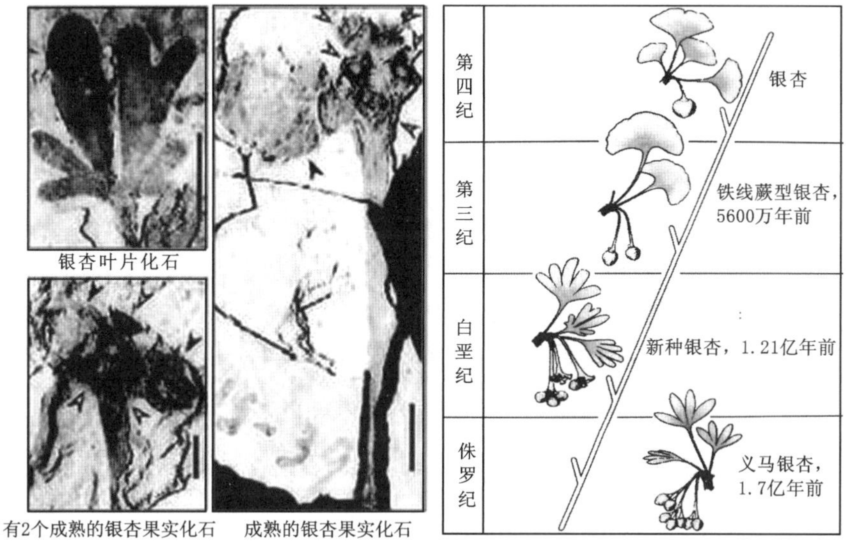

图5 银杏进化链

【探究活动】请大家前后4人小组合作探究以下两个问题。

注意事项：

a.小组合作利用材料和课本知识，完成探究；

b.每组选派一位同学上台给大家讲解本组探究结果。

1.分析银杏类植物曾经衰退，到近乎灭绝的原因。

2.分析现今的银杏得以幸存的原因。

组1：气候的变化，冰川运动，地质、地形条件的改变，海陆位置的变化。

组2：银杏在不断地进化，去适应这个环境，适者生存。

师总结：大家都讲得很好，气候、海陆位置、地形地质、冰川运动这些自然环境的改变对生物的进化产生了极大的影响。

【板书】——生物进化

【转承】银杏在如此巨大的环境变迁中幸存了下来，所以被称为“活化石”。而很多其他远古的动、植物就没有银杏这么幸运了，它们大都因为不适应变化了的环境而灭亡。

师：大家根据材料一，推测地质历史上哪两个时期发生过全球性生物大规模的灭绝现象？

生：一次是古生代末期，一次是中生代末期。

师追问：为什么？

生1：书本中有这样的描述。

师：书本上的语言也只是描述了结果而没有回答出依据，大家有没有不同意见的？

生2：根据图示，应该在奥陶纪、泥盆纪、二叠纪、三叠纪、白垩纪。

师追问：为什么呢？依据是什么？

生：气温、降水的变化剧烈，生物难以适应气候的突变。

师：两位同学说得都对，像这位同学，能够根据材料而不是书本上直接去找答案，非常好。

从气候角度，根据这张图，我们可以推测，地球上发生过几次生物大灭绝和若干次小灭绝。目前学者结合气候变化，以及地球内、外部环境的变迁，认为书本中这两次中生代末期和古生代末期是地质历史上两次最重要全球性大规模的生物灭绝时期。

【板书】——生物灭绝

师：我们一起来看看这两个时期，分别是哪些动物遭遇了不幸？PPT 回到生物进化时间序列上。

【小结】1. 古生代末期，60%的海生无脊椎动物灭绝了，原始鱼类和古老的两栖类全部灭绝，蕨类植物明显衰退。2. 中生代末期，恐龙灭绝，50%的海洋无脊椎动物灭绝。

四、银杏之惑——人类活动对环境的作用

【转承】最后，我们人类作为地理环境中非常特殊的要素，对自然环境产生了广泛而深刻的影响，有利有弊。银杏发展到目前，已经能够被广泛种植。请大家课后查阅相关资料，探究大规模种植银杏的利弊，形成研究报告。

【板书】——人类：利弊

【课外探究】探究大规模种植银杏的利弊。

【总结提升】我们知道了组成自然地理环境的五大要素：气候、地形、水文、土壤、生物，它们构成了一个整体的系统；生物扮演者及其活跃的角色，生物的进化对环境的变迁有极其重要的意义，而环境变迁也会影响生物的进化和灭绝。因此人类对自然环境破坏会危及人类自身的生存。人类必须要遵循自然规律，走人地协调之路，人与自然才能和谐发展。

【板书】——人地协调

希望大家以后继续和你们的地理老师探索更多的地理规律，进一步为改善环境，为造福社会而努力，谢谢大家！

注：本课为宁波市优质课评比课教学实录。

课例十：洪灾

——案例、资料分析中的地理综合思维

江苏省吕叔湘中学 张洪杰

一、教学内容分析

自然地理环境为人类生产、生活提供了资源和空间，但也会发生自然灾害，造成人类生命、财产的损失。自然灾害的种类很多，发生在我国的自然灾害中，洪灾和旱灾最为常见，并且影响范围较广。根据课程标准关于“说明某种自然灾害对人类活动的影响，以及避灾、防灾的措施”的要求，本教学选取了洪灾作为探究学习的案例，并从三个方面组织教学内容：①什么是洪水、洪灾以及洪灾会造成哪些危害，这方面偏重于概念教学。②洪灾的形成原因，这与地形地貌、季风气候特点及水循环相关知识联系紧密。③洪灾的防治措施，是尊重自然规律和充分发挥人的主观能动性的表现。通过对洪水和洪灾成因、危害及预防等问题的学习，加深学生对自然灾害的认识，了解自然灾害的诱发机制和发生规律，进而增强防灾、减灾的意识，掌握一定的自救和救灾方法。本部分内容是帮助学生树立辩证的人地协调观和主动协调人地关系的重要载体之一，也是地理实践力素养培养的重要一课。

二、学情分析

在经过了系列的地形、地貌、气候、水循环等相关知识的学习后，学生已经具备了一定的自然地理基础，地理知识的积累和心智发展已使他们具备了一定的地理综合思维能力，在分析案例、处理问题时也具备了一定的独立性，有了属于自己的地理观点和立场。但因初中地理教学现状，学生的区域认知素养非常有限，而且外力作用、气候等相关内容学过的时间也已较长，教学中必须进行适当的补充和铺垫，才能顺利地让学生学会分析区域内的洪灾成因以及防治措施。

三、教学目标

课程内容标准：说明洪灾对人类活动的影响，以及避灾、防灾的措施。

1. 知识与技能

了解自然灾害的分类；区别洪水和洪灾的概念；结合我国发生洪水和洪灾的实际事例，说明洪灾形成的自然和人为原因；理解洪灾防治的工程措施和非工程措施；能以洪灾为例，简述其危害，提出防治的措施；具备基本的洪水自救技能。

2. 过程与方法

网络收集某次发生的较大自然灾害的相关资料，用于课堂交流并对其归类；阅读、观看所给的多媒体资料，总结归纳洪灾的危害；通过长江中下游洪灾实例，总结洪灾发生的成因和一般规律；通过讨论、辩论等方式，针对不同区域提出既有共性又有区域性的洪水防治措施，提升区域认知和综合思维素养。

3. 情感、态度与价值观

辩证地认识人类与自然之间的关系，体会人地协调的重要性；激发人类在减灾防灾中的主观能动性；培养热爱祖国和家乡的情感；教学中，除了培养学生获取有关信息与资料的能力，更要培养他们主动参与、主动思考、主动提问的能力和学习态度。

四、教学重、难点

1. 教学重点

洪灾的形成原因和危害。

2. 教学难点

洪灾的形成原因和防治措施。

五、课时

1课时。

六、教学设计思路

根据课标要求,教学环节设计如下:

环节一:展示材料《多灾多难的2008年》中发生的所有自然灾害事件,联系生活,创设地理教学情境,引入新课,设问引疑,激发学习兴趣。

环节二:图文结合,并设置问题,让学生思考分析,培养学生的逻辑思维能力。

环节三:在归纳总结洪灾成因的基础上,以小组合作的形式引导学生分析防治洪灾的解决措施,提高学生分析问题解决问题的能力。

七、教学实录

教学环节	教师引领	学生活动	设计意图
情景导入	多媒体播放《多灾多难的2008年》 设问1:2008年发生了哪些自然灾害?除此之外还存在哪些自然灾害? 设问2:界定自然灾害的标准是什么?	同学首先汇报收集到的重大灾害事件,做简略解读并对其分类。 观看视频,归纳视频中包含的自然灾害的类型以及造成的影响。补充说明实际生活中主要的自然灾害类型。	做中学,说后辨,看中感知概念和分类。
小结,并理解概念	判断以下事件或现象是否是自然灾害:①台风"罗莎"。②煤矿瓦斯爆炸。③寒潮造成渔船翻船。④塔克拉玛干沙漠的干旱。 结论:自然灾害强调在自然界中发生,并造成生命或财产损失这两个关键点。比如:洪水就是洪灾吗?	同学回答、辩论、辨别自然灾害及分类;师生共同归纳、总结,明确概念和分类。分类:气象灾害、地质灾害、水文灾害、海洋灾害、生物灾害等,可以交叉,如海洋生物灾害等。 洪水是洪灾的前提,但洪水如果只发生在无人区(如荒漠区),就不会致灾。	分类并比较可帮助理解含义。
承转过渡	设问3:区域认知从身边开始,我们丹阳所处的地理位置为长江三角洲地区,根据前面定义判断,我们曾经遇到过哪些自然灾害?	结合学生的生活经验,思考后可得出丹阳最易发生的自然灾害为洪涝和干旱灾害。(气象灾害)	地理即生活。
危害案例分析	多媒体展示视频《1998年长江流域特大洪水》。 设问4:洪水会对受灾地区带来哪些直接影响?还会造成哪些间接影响? 提醒:间接危害也包括对人们心灵的伤害。	观看视频,归纳洪灾对人类生活产生的直接影响和间接影响。 直接危害:摧毁房屋、基础设施;威胁人的生命安全。 间接危害主要有滑坡、泥石流、疫病等次生灾害等。	培养信息提取和归纳能力,明确洪灾危害。

续表

教学环节	教师引领	学生活动	设计意图
承转过渡	材料:近40年中,长江流域发生大洪灾的频率是不到3年就有一次。 设问5:长江流域为什么水灾如此多发?	学生思考、猜测造成洪涝灾害的各种可能原因。教师适时提醒,学生最终明白:洪灾形成的首要条件是要有洪水,洪水的形成才是洪灾形成的前提原因。	养成综合思维能力。
明确结论,学以致用	设问6:洪水产生的原因有哪些? 长江流域洪灾频发与气候有什么关系?还有哪些情况也促成洪涝灾害发生? 洪水是由于暴雨、冰雪融化和水库溃坝等引起河湖水位急剧上涨的现象。 总结洪水形成的三类原因。并明确洪水的形成与汇水速度、排水速度有关。	分析东部季风气候的降水特征对长江径流量变化造成的影响,思考、回答造成洪涝灾害形成的各种可能原因。突出季风气候夏季风不稳定,梅雨降水时间长短、强弱不稳定。 通过对长江年降水变化图、黄河凌汛分布图、堰塞湖景观图片的观察,归纳洪水形成的主要原因。	结合区域特征,提供分析方向,能够学以致用。
小组合作,讨论探究	 PPT:河流、植被观景图 教师巡视,参与小组探究活动及时获取反馈信息,加强个别辅导和讲解。引导学生思考植被覆盖状况对地表径流(流速、下渗、流量等)的影响。	分成小组,观察河流横截面示意图,结合图中包含的信息进行思考、合作探究: 1.植被覆盖率高低对河流汇水速度有什么影响? 2.植被状况对地表径流量有什么影响? 学生代表回答,各小组相互补充和完善:植被覆盖率高的地区,地表水速流动慢、下渗多、汇入河流的水量少。	从景观图分析植被对地表径流的影响,培养逻辑思维能力。
设问,阅读材料	设问7:从流水侵蚀与沉积角度分析,荆江河段为什么会形成地上悬河?请大家从以下材料中找出原因。 多媒体展示材料及图片:《长江中游的"地上悬河"——荆江》。 进而说明地上河与洪水发生的关系。	从材料中提取信息,理解荆江段地势平坦,并且河道弯曲,流水速度慢,易造成泥沙淤积,进而河床抬高,形成地上悬河; 地上河的排水速度慢,水位抬高时(洪峰)极易漫过河堤或溃堤,形成洪水。	问题引领,从材料获取信息。

续表

教学环节	教师引领	学生活动	设计意图
深入分析	图示荆江段曾发生过溃堤处的位置。 设问 8:为什么这些地方易发生破堤?	师生共同小结:弯曲河道的“迎水”堤处由于河水的冲击力大(流水侵蚀严重),易溃堤,形成洪水。	形成综合思维方法。
承转探究	设问 9:20 世纪 80 年代至 2010 年间的长江流域洪水明显增多,几乎年年发生洪灾。除自然原因外,人类活动会不会“助纣为虐”? PPT 展示:①1950 与 1980 两年的洞庭湖水域面积遥感图片。②长江中上游耕地面积变化统计表。	学生感知:不合理的人类活动可能会诱发或者加剧了洪灾的发生。 继续思考、讨论诱发或加剧洪灾的人类活动有哪些,并进行归纳总结。 上游:植被破坏导致水土流失和涵养水源能力下降; 下游:围湖造田,降低湖泊的调蓄能力。	不合理的人类活动会影响人地协调。
小组讨论,合作探究	展示洪灾产生的自然因素和人为因素,引导学生提出对应的防治措施。 小结:上游增加植被覆盖率,修建水库;中、下游退耕还湖,疏浚河道,裁弯取直,加固河堤;加强预报、预警和抗洪救灾指挥。	各小组,结合各类因素对河流产生的影响,对洪灾防治措施进行思考、讨论、合作探究: 1. 如何减缓河流的汇水速度? 2. 如何增加河流的排水速度? 3. 为了减轻洪灾还应采取哪些措施?	对症下药,提升人地协调能力。
承转	设问 10:我们的家乡就地处地势低洼的长江三角洲上,洪水、洪灾是我们经常要面对的灾害,如何加强自我抗灾能力?	讨论、发言: 学会游泳、关注天气预报、懂得一些灾时的生存生活常识……	灾害中的生存能力提升。
拓展延伸	播放课件:展示美国田纳西河流域分布图,探究田纳西河流域洪灾的危害及形成条件。	课后,学生从网络等媒体收集相关资料,说明田纳西河流域洪灾发生须具备的条件。	形成能力,学以致用。

八、教学反思

这节课在教学设计上以教师为主导,以学生为主体,以案例分析为基础,着重培养学生的核心素养和必备的关键能力,符合新课程标准和要求。教学亮点主要有:教材梳理清晰,衔接自然流畅;教学设计合理,思维性强,层层递进;重视学生读图能力的培养和学法指导;学生的学习积极性较好,参与度较高,课堂气氛活跃,教学目标达成度高。总之,这是一堂务实有效的课,教师通过对洪灾的形成原因、洪水致灾机制及防治措施的分析,充分培养了学生的区域认知能力、综合思维和人地协调观等核心素养。但是教学的灵活性不足,组内学生教学参与度还存在较大的差别,小组合作学习指导还有所欠缺。

九、参考资料

本部分内容是为教师备课时参考使用，如主要是相关概念的辨析，好的教学素材等。

【教学博览】

国家防总：2017 年洪涝灾害受灾人口已超 1490 万

记者从 28 日在京召开的防汛抗旱防台风新闻发布会上获悉，截至目前，今年以来全国 19 省（区、市）及新疆生产建设兵团遭受洪涝灾害，农作物受灾面积 982.1 千公顷，受灾人口 1490.17 万人，紧急转移 133.37 万人，倒塌房屋 1.81 万间，直接经济损失约 229.33 亿元，因灾死亡 47 人，失踪 10 人。

国家防总办公室督察专员、新闻发言人张家团介绍，今年入汛以来，全国汛情旱情总体较为平稳，局部地区受灾严重。其特点主要表现为暴雨过程南北并发，中小河流超警频繁，台风登陆明显偏早，局部洪涝灾害严重，北方部分地区旱情集中。

据统计，全国共出现 19 次降雨过程，面平均降雨量 201 毫米，与常年同期略持平。先后有四川、湖南、江西、浙江等 13 个省、自治区 175 条河流发生超警戒水位以上洪水，其中 7 个省、自治区 32 条河流发生超保证水位以上洪水。

张家团表示，据预测，今年主汛期我国气候状况总体偏差，极端气候事件多发，降水分布极不均匀。近期江南、华南和西南东部的降雨仍在持续，雨区高度重叠，洪涝风险急剧增加。（记者唐婷 2017—06—29　来源：科技日报）。

参加全省“地震防灾知识竞赛”的镇海中学高一学生(2018.5)

课例十一:地震

江苏省吕叔湘中学　张洪杰

一、教学内容分析

我国的自然灾害具有种类多、分布地域广、发生频率高和造成损失严重等特点。其中地质灾害是我国危害较大的自然灾害之一,5级以上的破坏性地震在全国各省、区、直辖市均有发生过。根据课程标准关于“运用资料,说明常见自然灾害的成因,以及避灾、防灾的措施”的要求,本章节选择了地震作为探究学习的案例,并从三个方面组织教学内容:①什么是地震、地震会造成哪些危害。②地震的危害程度与哪些因素有关。③地震的防治措施。④发生地震后,如何避震自救。通过对地震的成因、危害及预防等问题的学习,加深学生对地质灾害的认识,了解地震的发生机制和发生规律,进而增强防灾、减灾的意识。鉴于自然灾害的复杂性和关联性,教学从三个不同侧面做了重点阐释:①地震灾害对人类生产和生活的影响。②人类防灾减灾意识不强和防灾措施不当是造成地质灾害损失惨重的重要原因。③防灾减灾中应采取的措施。本部分内容是培养学生人地协调能力、地理实践力等地理核心素养的重要载体之一。

二、学情分析

由于特殊的地理位置,我国是一个多地震的国家。地震的危害极大,防震减灾以及地震时的及时自救应成为我国中学生必须掌握的地理能力与方法和必备的生存技能之一。但是绝大多数学生对地震的认识,可能还是来自于小学科学课,或者从各种媒体等中获取的零散信息,对地震的感性和系统性认识还比较欠缺,对防灾救灾及自救能力不甚了解。由于新课标删除了地质作用、地质构造及板块构造理论等内容,学生对地震分布等区域认知和地震发生的机制还缺乏了解和理解,教学中需要补充相关知识。另外,针对高一学生而言,本节内容尽管是理论知识高于实际操作技能,但熟悉防灾、避灾的间接经验同样是培养学生地理实践力的重要途径。

三、教学目标

课程内容标准:运用资料,说明地震对人类活动的影响,以及避灾、防灾的措施。

1.知识与技能

了解地震概念及危害;认知世界及我国主要地震带的颁布;掌握地震发生时的自救方法、措施。

2.过程与方法

通过模型、动画演示、示意图等,理解地震发生的原理;解读资料,了解地震的巨大破坏性;通过小组讨论等,辨析地震发生时的避难方法、措施的正误,培养地理实践力。

3.情感、态度与价值观

提高地震的安全保护意识,增强珍爱生命,关爱他人的积极情感;体会人地协调中,人的主观能动性。

四、教学重、难点

1.教学重点

地震成因与防震避灾措施。

2. 教学难点

地震发生时正确的自救与互救措施。

五、教学设计思路

根据课标要求，教学环节设计如下。

环节一：播放视频《汶川大地震》，总结地震的危害。

环节二：以图及动画示意地震成因，图文转换，理解断层与地震的关系。

环节三：推测防震救灾的具体方法与措施，然后阅读国家有关地震防治方面的条例、法规、意见等文件，验证学生推测。

环节四：创设地震突发的虚拟场景，针对不同地点的自救方法设置问题，让学生合作讨论，解决问题。理论联系实践，设置地震情境模拟，在紧迫的时间内安排学生有序撤离教室，以培养学生的知识运用能力及灾害应变能力。

六、课时

1.5 课时。

七、教学实录

教学环节	教师活动	学生活动	设计意图
创设情境，导入新课	播放视频：中央电视台《汶川大地震》灾害现场及中国军民救灾现场纪录片片段。 提问：地震带来了哪些危害？	观看视频，归纳地震带来的危害、发言小结： (1)直接危害：造成人员、牲畜等伤亡；导致人民财产损失。 (2)间接危害：导致山崩、堰塞湖、瘟疫等次生灾害；造成生活秩序紊乱等。	感知地震破坏力，突显本课必要性。
探讨地震产生原因	地壳、地幔主要由岩石构成，在地球的内力的作用下，岩层会发生断裂，释放出巨大的能量(横波、纵波)，这就是地震。 请一位同学折断准备好的木棍谈体验；动画示意地震原因。	同学谈感觉：有断裂的声音，手被震得有点麻、痛…… 观看动画后推知：岩层受到的力大到一定程度时，就可能发生断裂形成地震，所以地震时大地会产生震动，进而产生巨大的破坏力。	体会地震产生的原因。
推测地震易发地区	地震产生的前提是地下岩层要受到巨大的内力作用，什么样的地方其地下内力作用比较强大呢？ PPT 展示世界六大板块的分布及相互运动方向图，勾勒出板块边界附近地区。 请大家推测世界上地震最易发生的地区。	学生观察、讨论、回答： 板块之间相互运动、相互作用，尤其相对运动的板块边界处，岩层受到不断挤压，可能会发生断裂。 师生互动后得出：世界火山——地震带分布集中地区；我国处在两大地震带附近。	观察、推测世界地震带分布，了解我国地震多发的原因。
承转过渡	美国《时代》杂志评选的世界十大地震惨案，中国就占有 4 例。其中唐山、汶川大地震的损失尤其惨重。尽管目前人们还无法控制甚至不能准确地提前预报地震，但我们有没有办法减少地震灾害的损失呢？		

续表

教学环节	教师活动	学生活动	设计意图
阅读材料	展示材料:《2011年日本大地震》《中国和日本历次地震死亡人数对比数据》。 提问:1.日本地震造成的危害程度与中国相比有什么不同? 2.为什么日本地震造成的人员伤亡较少?	阅读材料,通过比较,得出两国地震损失差异的直观感受,并思考造成这一结果的人为因素: (1)建筑结构相对稳固。 (2)地震危害知识普及性好,重视防范演习。	对比差异,引发思考,得出结论。
自救	地震虽然可怕,但我们可以根据地震前兆,来预知灾难,积极、科学地及时自救。	自主学习书本内容,了解地震前的预兆并识记,之后同桌之间相互讨论。	自救技能也是地理实践力。
合作探究,小组交流	情景假设:如果地震真来了,我们应该怎样防护呢?(出示图片:设定不同的地点) (1)如果你在家中…… (2)如果你在车内…… (3)如果你在学校…… (4)如果你在电影院、体育馆或商场…… (5)如果在开阔地…… (6)如果你在公共场所、野外、海边发生地震的情况下,又该怎么办…… 教师对学生的回答及时进行分析、评价,指导学生结合课本内容进行补充,并进行小结。	小组讨论后代表回答: 让学生通过这样几个步骤来完成:先看图谈个人看法,再结合资料议一议,然后小组讨论交流,最后汇报。 (1)如果家里是平房或一楼,可迅速到达院内开阔地的话,则迅速跑到室外;如果你家是位于高层楼房,那么还是应该"伏而待定",选择室内结实、能掩护身体的物体,易于形成三角空间的地方,蹲下或坐下,尽量蜷曲身体,降低身体重心,同时注意保护好头颈、眼睛,掩住口鼻。等地震过后,迅速离开房间到达安全的开阔地;倘若无法离开,则积极地等待救援。 (2)如果在车上抓牢扶手,以免摔倒或碰伤;降低重心,躲在座位附近,地震过去后再下车。 (3)在学校,如果正在上课,要在教师指挥下迅速抱头、闭眼、躲在各自的课桌下;等地震平息后再有组织地撤离,必要时应在室外上课。如果恰巧在操场或室外时,可原地不动蹲下,双手保护头部;注意避开高大建筑物或危险物;不要回到教室去。 (4)在影剧院、体育场馆、商场等处,一定要保持清醒的头脑,利用所处的条件,就地躲避,千万不要乱跑。如果距应急出口很近,可迅速夺门而出。如果不能快速离开的话,最好的办法是躲在排椅下。在大运动场内,最明智的选择应该是先向运动场中央空旷处撤退,然后再选择合适时机撤离。但撤离时一定要注意避开人流,避免拥挤跌倒。总之,在公共场所遇到地震,不要乱喊乱叫,更不要乱挤乱拥。 (5)在开阔地,可原地不动蹲下,双手保护头部,注意避开高大建筑物或危险物。	情境假设,讨论自救措施,引导学生结合生活常识,充分发挥想象力。既有利于充分发挥主观能动性,又能提高地震安全保护意识,珍爱生命。

续表

教学环节	教师活动	学生活动	设计意图
师生总结	小震不用跑，大震跑不了。惊慌出意外，就地躲藏好。头脑要冷静，对策灵活找。谨记地震来临“七不要”。	朗读地震来临“七不要”： (1)不要惊慌；(2)不要站在窗户边或阳台上；(3)不要跳楼、跳车或破窗而出；(4)不要乘坐电梯，不要因寻找衣服、财物耽误逃生时间；(5)不要躲避在电线杆路灯烟囱、高大建筑物、玻璃建筑等附近；(6)不要在石化、煤气等易燃、化学有毒的工厂附近；(7)不要位于明火的下风向。	口诀增加学习积极性，巩固强化，具有实践基础。
模拟演练	我们不仅要知道不同场合采取不同的避难措施，还要掌握地震中自我保护姿势。 (教师示范)	模仿地震时自我保护姿势，同桌之间相互纠正。	实践是能力形成的重要环节。
问题探究	提问：假设一旦被埋，又该怎么办？又如何开展自救呢？教师根据学生的讨论结果进行总结并展示。	学生分小组进行交流讨论，每组派一名代表进行示范并小结。	形成自救及互救的能力。
模拟演练	情境模拟：紧急通知！地震局预测十分钟内有八级地震，快疏散到户外！	在老师的安排下迅速地撤离到户外。亲身体验，模拟演练。	做中学。
归纳总结与巩固	比死于地震更可悲的是死于无知，就在这节课前，我也是这样的无知者。我们不知道下次灾难何时降临，在地球调整为震动状态的时代，我希望你们一定要记住这节课，别再用错误的方法面对地震。	1. 提出有关本节内容的自己的疑惑。 2. 在老师的引导下总结知识结构。	培养提问、总结和归纳能力。
作业布置	观看影片《洛杉矶大地震》《纽约大地震》《10.5级大地震》。	找出影片中人物在地震灾害中正确和错误的做法。	巩固上课所学内容。

八、教学反思

本节课教学目标明确，重难点突出，教学符合高一学生的认知规律。教学过程中能够联系生活实际，创设地理教学情境，设问激疑，激发学习兴趣。通过情境模拟，小组合作等形式培养学生自主探究能力和综合分析问题能力，真正落实了“生活处处是地理，地理处处是生活”的教学理念。在教学的最后环节，理论联系实践，设置地震情境模拟，在紧迫的时间内安排学生有序撤离教室，以培养学生的知识运用能力及灾害应变能力，符合新的课程标准和对学生实践能力的培养，较好地落实了地理实践力的核心素养。

九、参考资料

8·8九寨沟地震

2017年8月8日21时19分46秒，四川省阿坝州九寨沟县发生7.0级地震，震中距九寨沟县39公里、距松潘县66公里、距舟曲县83公里、距文县85公里、距若尔盖县90公里，距陇南市105公里，距成都市285公里。截至2017年8月11日8时0分，共记录到余震总数为2318次，其中6.0—6.9级地震0次，5.0—5.9级0次，4.0—4.9级3次，3.0—3.9级23次，目前最大余震4.8级。截至2017年8月11日21时，四川九寨沟7.0级地震共造成24人死亡、493人受伤（重伤45人）、6人失联。已转移疏散游客、外来务工人员61500余人（含126名外国游客），临时安置群众23477人。

第二部分 必修二

课例十二:人口迁移

浙江省宁波市镇海中学 魏伟

一、教学背景分析

1. 教材分析

《人口迁移》是湘教版必修二第一章“人口与环境”的第三节,与第一节《人口自然增长》密切相关,是人口增长的另一种重要方式。同时,人口迁移是人口变更居住地的空间流动行为,要和人口流动相区分。本节教材主要包括两方面内容:一是人口迁移的概念与分类;二是人口迁移的影响因素。考虑到地理的综合性特点,在教学中还应补充人口迁移对环境的影响,以凸显“人”在人地关系理论中的主导作用。教材中的案例较多,需合理整合,使教学连贯。

2. 学情分析

本节内容与生活实际联系较密切,学生家庭、未来的学习和生活可能都会经历到,因此案例具有生活性、丰富性,内容较有吸引力。通过第一节《人口自然增长》的学习,同学们已经熟悉了分析地理问题的思路,从自然环境因素和社会经济文化因素两方面考虑,为本节重点人口迁移的影响因素打下一定基础。就地理思维而言,对于高一学生,人口迁移的人文现象较容易理解,但系统地归纳人口空间移动的地理因素需要有一个思想论证的过程。其中推拉理论、人口迁移的影响,学生联系生活可以想到一部分,教师多引导从多角度全面考虑,以提升学生的综合思维品质。

二、教学目标

课程内容标准:举例说明人口迁移的主要原因。

1. 知识与技能

区别人口迁移与人口流动,掌握人口迁移的概念;了解人口迁移的空间分类和不同特点;概括出人口迁移的主要原因。

2. 过程与方法

通过开展家族人口迁移的调查活动,鼓励学生自主设计资料分析表格,探究人口迁移的因素,提升地理实践力。熟悉人口迁移中案例分析的思维方法。

3. 情感、态度与价值观

通过调查、分析,得出结论,在地理实践中培养实事求是的科学精神。对人口迁移的资料分析思考的过程,也是思维能力锻炼和发展的过程,引导学生感悟人地关系的思想。

三、教学重、难点

1. 教学重点

人口迁移的概念、分类,影响人口迁移的主要因素。

2. 教学难点

分析特定社会历史阶段人口迁移的特点,概括其主要影响因素。

四、教学设计思路

整体思路:举案例、找特点、探内因。具体设计以下环节:

(1)课前布置开展家族人口迁移的调查活动并制成统计图表,课堂交流;教师对人口迁移谈"新解",即摆观点。辨别人口迁移、人口流动、国内人口迁移、国际人口迁移等概念。

(2)通过案例研究人口迁移的原因。通过聚焦一定区域、一段时间内人口迁移的相关资料,以贯穿人口迁移的逻辑主线,概括其特点并分析原因,找出影响因素。

(3)知识点的总结与延伸。概括人口迁移的原因,延伸人口迁移的相关认识。

五、课时

1 课时。

六、教学过程

教学环节一:调查成果导入(教师对人口迁移谈"新解",即摆观点)

【导入】上周末我们布置了一个任务,就是同学回家向父母了解自己家或家族居住地的搬迁历史。先请一位同学来介绍他们家庭的搬迁历史。

生 1:我们一家三口人,爸爸是台州人,高中毕业后迁至南京上大学,大学毕业后到宁波大学做教师;妈妈是镇海区骆驼镇人,1999 年大学毕业后由骆驼迁移到庄市中兴中学做教师。我出生在江北区,算是正宗的宁波市人了吧,我现在镇海中学住校。

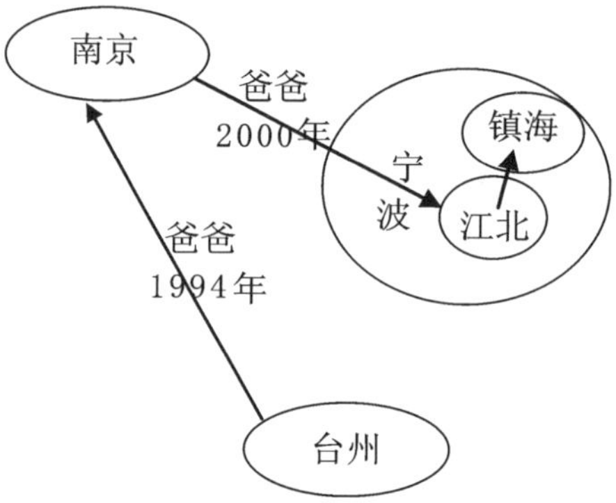

师:针对同学 1 的问题,大家可以参照书上关于人口迁移的定义,看看他一家三口的搬迁中,哪些属于人口迁移,哪些属于人口流动现象?

生:我认为判断是不是人口迁移要看三个条件:一是要跨行政区界;二是时间上要在 1 年以上;三是居住地也要随之发生变化,即所谓"搬家"。依这三条,他爸爸上大学、毕业到宁波来工作,三条都符合,所以是人口迁移。同样,他的妈妈从骆驼迁到庄市后又到搬到江北居住,也是人口迁移。根据以上三个条件,同学自己从江北到镇海中学也是人口迁移。

同学讨论后,教师小结:关于人口迁移的判断,这位同学总结出三个判断依据,非常正确。但要补充说明的是:行政边界主要指国家、省、城市、市内各区或县的边界,如果还在镇海区内移动,不能算作人口迁移。所以他的妈妈住在骆驼,仅在庄市上班的这段时间只能算作人口流动,而不是人口迁移。关于这一点,我们再通过一个小活动来加深对它的理解。

【活动一】:下列人口移动行为中,哪些属于人口迁移?

①外出度假、旅游,上街购物。

②聚居在德国难民营的叙利亚难民。

③早上从家里到学校来上学。

④刚才的同学从江北的初中考到镇海中学来就读高中。

生:①、③为人口流动,②、④属于人口迁移。

【过渡】师:俗话说“故土重迁”,人口为什么会迁移呢?下面就请有家族迁移历史的同学上台来讲一讲自己家庭迁移的历史故事。

生 2:以下为我们家族中有迁移的先辈或亲戚及迁移原因。

家庭成员	出生时间	出生地	迁移经历	迁移原因
曾祖母	1924 年	江苏南通	日本人摧毁她家织布厂后逃荒到本地	战争
祖父、母	1951 年	江苏南通	知青下乡、返城	政策
祖母的哥哥	1948 年	本地	16 岁去甘肃金昌并在那里定居至今	支边
表姑	1969 年	金昌	45 岁移居本地	个人意愿
表叔	1974 年	本地	1995 年去深圳创业并定居	经济

师:这位同学的调查表设计得比较全面、细致,内容详实,尤其是对迁移原因的分析非常到位。从他对家族中不同时代人的迁移经历的描述和迁移原因的分析中,可以看出人们从被迫迁移到可以主动选择迁移的转变,也客观地反映出我国现、当代百姓从苦难到幸福的转变过程。

【活动二】:案例——探究中国人口迁移的原因

【过渡】在古代,中国人“安土重迁”,每次迁移都有不得已的“苦衷”。闯关东、走西口、下南洋、雁南飞、北漂等都是反映我国人口迁移的名词。请观看电视剧《闯关东》片段,说说此时人口迁移的特点和原因。

展示多媒体资料 1:电视剧《闯关东》片段,反映的是 19 世纪中期黄河下游连年遭灾,迫使百姓背井离乡到东北的历史故事。主要迁出地为山东、山西、河南、河北等,其中以山东人为最多。

生:人们闯关东的原因一是“故土”发生了自然灾害,二是东北有肥沃、广阔的土地。

师:走西口,明清时期山西等地因人多、土地贫瘠,加上天灾等而背井离乡走西口,使得河套地区的农耕文化得以发展。下南洋,有梦就敢下南洋。从汉朝到明清时期不堪战乱的百姓逃往海外,东南亚距我国近。雁南飞,指的是我国人口从北方往南迁,如客家人到广东去。北漂,主要指各地流落在北京谋生、就业的人员。

展示多媒体资料 2:1949 年以来我国国内人口迁移的主要流向图。

师:读图,思考建国年以来我国人口迁移的特点及迁移原因。

生:总体可以分成两大阶段,其中 1949～1980 年间,人口由东部向西部和边疆地区有组织、有计划的迁移,多为响应国家移民建设边疆的政策。60、70 年代城市青年到各地农村务农,是因为“上山下乡”政策,同学 2 的祖父母就有过这种经历。第二阶段是 20 世纪 80 年代以来，人口由中西部地区向东部沿海自发迁移，农民工是主流。

【承转】从以上两位同学的调研材料中可以看出，不同时代，人们迁移的原因有可能不同。就一个地区而言，也是一样。近20年来，我们宁波大市的区域面积并未发生变化，但常住人口（长期居住在我市的人口）每年都不一样。请看“近20年宁波市常住人口变化情况统计”图，其中2020年为宁波市政府规划的人数。大家看我市常住人口数量有什么变化特点？

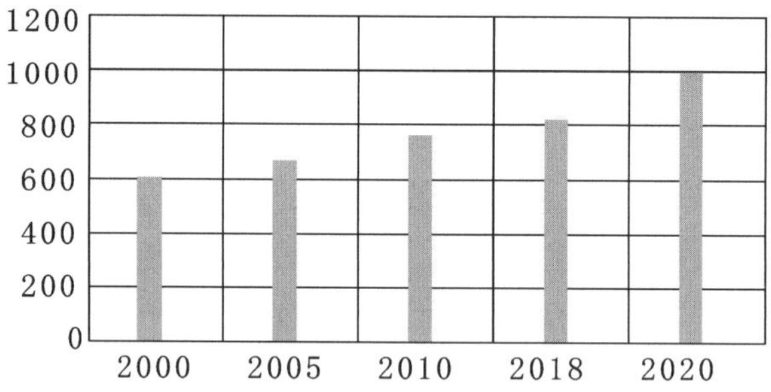

近20年宁波市常住人口统计（百万人）

生：常住人口有明显增长，2018到2020年可能增长得更快。

师：近几十年来，宁波市人口增长为什么这么快？都是自然增长的结果吗？其中2018～2020年间为什么可能增长更快？

生：不是自然增长的结果，而主要是机械增长，即外地迁入的人口多了。中西部地区的人愿意迁入我市的主要原因是宁波经济发达，就业机会多。近两年来，全国很多大市为了吸引更多人才和劳动力，降低了人口准迁的标准，城市常住人口增加更快。

【板书】PPT呈现：

<table>
<tr><th colspan="2">时代</th><th>流向</th><th>特点</th><th>影响因素</th></tr>
<tr><td colspan="2">古代</td><td>自然条件较好的地区</td><td>大批迁入</td><td>战争、灾害、政治压迫、土地</td></tr>
<tr><td rowspan="2">当代</td><td>1949～1986年</td><td>东部→边疆，沿海→内陆</td><td>有组织、有计划</td><td>政策</td></tr>
<tr><td>1986年以来</td><td>内陆→沿海，农村→城市</td><td>迁移量大、自发迁移</td><td>经济</td></tr>
</table>

【小结】根据以上学习，我们知道，影响人口迁移的因素多种多样，包括自然生态环境、经济和政治文化因素等等。古代人口迁移多与战争、灾害、土地等因素相关，而现代人口迁移中，经济因素起主导作用。但在某种特定的时空条件下，任何一种因素都有可能成为人口迁移的决定性因素。

【承转】按照是否跨越国界，人口迁移可以分成国内迁移和国际迁移两个类型。刚才我们提到的都是我国国内的人口迁移。以下迁移现象中，属于国际人口迁移的有哪些？

活动三：判断以下有关人口迁移事件中的人口迁移类型

①北宋末年，由于战争引起中原人民大规模南迁。

②美国东北地区的老人向西部、南部“阳光地带”迁移。

③美国成为世界最大的移民国家。

④西亚的外籍劳工数量很多。

生：①②属于国内人口迁移，③④属于国际人口迁移。

师：我们还有一位祖孙三代都在镇海生活的土生土长的镇海同学，他对我们全班同学的祖籍进行了调查，并且了解了"外地人"来宁波以后对宁波产生了哪些影响。我们请他来汇报一下他的调查结果。

教学环节二：实践与思考：调查本班同学从外地迁入的情况及外地人入甬后给宁波带来的影响。

【调查结果】：有来自东北、福建、湖北、重庆及附近县域的共20名同学。

【迁移原因】：大多随父母迁入此地。其中东北，因父母工作调动；福建，父母在此经商；湖北、重庆属于三峡移民；附近县域，寻求更好的教育资源等等。

外地人入甬后给宁波带来的影响：各类人才入甬，提升了宁波的城市竞争力；农民工吃苦耐劳，从事着一些当地不愿做或不能做但又必不可少的工种，弥补了劳动力不足的问题，促进了宁波经济的发展；各种餐饮品种增多，出现了一些新文化现象等。

师：这位同学并没有因为不是迁移人口而无所事事，他另辟蹊径，进行了相关的实践调查活动。这正是我们自觉提升地理实践力的写照。他的调查涉及人口迁移对迁入地的影响这一内容。不过需要说明的是，可能他是一位非常善良的同学，在影响上只说了好的一面。但实际上，人口迁移对迁入、迁出地的影响要从有利、不利两方面来思考。

【小结】：人口迁移促进不同地域间的文化交流与融合，促进迁入地经济发展；但是大规模的人口迁移可能会加剧迁入地的人地压力，甚至带来治安问题等。

【结语】：同学们，两年后大家会踏上人口迁移的征程去学习、去工作、去恋爱结婚，大家会"父母在不远游"留在宁波还是会远走高飞，奔向更适合自己发展的其他地方？不管选择哪一种，老师希望大家快乐地生活，努力发展自己，热爱家乡，有机会的话为家乡做出贡献！

七、教学反思

上课前总想把问题讲透彻，要传递给学生的信息很多。在教学实践中发现给创设的空间还是少了，案例教学过程开展得也不理想。家族人口迁移调查活动的开展目的是让学生体验社会调查这一人文科学的研究方法，以达到数据的调查→情感的体验→道理的思考这一过程，本次教学总体上达到了一定的效果。在今后的教学中还需要创设多种情境，给学生搭建舞台，让他们的思想在活动中体验、丰富、升华。本次开展家族及班级人口迁移的调查活动趣味性较强，而且难度不大。但让同学们自己收集、分析资料，是一个能力提升的过程。

课例十三：城市化（说课稿）

安徽省无为县襄安中学　耿勇

尊敬的各位评委老师，大家下午好！今天我的说课内容是人教版地理必修二第二章第三节——城市化，本内容的说课主要由七部分组成：说教材、说课标、说学情、说目标、说重难点、说教学法、说过程。

一、说教材

城市聚落是区域社会经济发展到一定阶段的结果，是人类文明的重要标志。本节教材是人教版必修二第二章城市与城市化的最后一节内容。前面两节内容从微观和宏观两个空间角度介绍了城市空间结构和不同等级城市的服务功能，这一节主要从时间角度探讨分析城市化的进程和影响。本节课具体内容有两大方面：城市化内涵和世界城市化进程及差异。教材首先通过长三角地区的城市发展图联系了上节课的不同等级城市的服务功能，结合文字和图片介绍了城市化的标志、动力和意义。其次再通过1800－2000年世界城市化水平的变化曲线图，揭示城市化时间进程的一般规律——一条稍被拉平的“S”形曲线模型图。这一模型既可以表示同一时间不同地区的城镇化地域差异，也可以表示同一地区不同历史阶段的城市化进程规律，并能预测其未来的发展状况。其中同一地区不同历史阶段的城市化规律，教材中是通过英国的城市化进程案例进行验证的。这说明城市化理论是对实际案例的总结和提炼。教材的最后再通过阅读材料城市化浪潮和P35活动具体揭示发达国家和发展中国家的城市化差异。城市化的地域差异，也是区域认知内容的组成部分之一。

【承转过渡】教材是课标的载体，达成课标才是教学的主要任务，下面我来具体谈谈新课标有关此内容的要求。

二、说课标

“运用有关资料，概括城市化的过程和特点，并解释城市化对地理环境的影响”。从本课标看，主要有三个动词“运用”“概括”“解释”。要运用各种资料来概括和总结出城市化的相关规律，最后还要通过资料来解释、说明以及验证这一规律。所以本节课中对资料的运用是最重要的，不仅要充分运用教材中已有的资料，还要灵活运用身边的材料，结合生活实例，概括城市化过程和特点。同时，发达国家与发展中国家城市化差异是在区域城市化认知的基础上通过综合思维得出。课堂教学只有紧紧围绕课标，以课标为达成目标，内化学科知识，提升地理核心素养。

【承转过渡】学生是学习的主体，合理的教学必须充分考虑学情，下面来说一下学情。

三、说学情

本节教学内容总体难度不大，没有太多复杂的推理过程，但是需要学生学会阅读图表、数据等资料，从中获取有用的信息，总结出客观规律。高一学生基本具备了这样的认知水平，当然教师也要注意引导。学生对家乡城镇及城镇人口的实际变化情况并不陌生，利用这些感性认识，有利于对城市化的相关特点进行概括总结，将感性知识上升至理性知识。以生活经验和身边的案例为基础，推理和验证地理特点、规律和原理，即为地理学习的生活性诉求。

【承转过渡】在分析了教材、课标的基础上，结合学生实际情况，将本节课的教学目标确定如下。

四、说目标

1.知识与能力

了解城市化的含义，总结城市化的主要标志；掌握城市化的时间进程特点；能够概括说明不同国家和地区的城市化差异；培养学生的读图分析能力和归纳总结能力；培养学生的地理实践力和综合思维能力。

2.过程与方法

通过指导学生读图和提炼文字信息，总结城市化含义和标志；联系实际生活案例分析城市化的驱动力因素和城市化的意义；通过对教材案例和图表的分析，结合学生的合作探究活动，概括归纳城市化各阶段特点以及发展中和发达国家的城市化差异。

3.情感、态度和价值观

通过对实际数据图表和生活现象的收集观察分析，培养学生“地理生活化”意识；通过对家乡城市化发展的献计献策，培养热爱家乡的情感。

【承转过渡】以上是本节课的三维教学目标，下面来强调下本节课的教学重难点。

五、说重难点

1.教学重点

城市化的含义和标志；城市化的时间进程和空间差异。

2.教学难点

城市化的动力机制。

【承转过渡】要完成既定的教学目标，突破重点和难点，必须要借助于科学的、合理的方法，下面来说下教学法。

六、说教学法

(1)教法：图片演示法；图表分析法；案例分析法；合作探究法。教师课前要收集、整理好乡土的、书本的资料，指导学生运用好各种材料，顺利完成教学。

【承转过渡】学是教学的出发点、落脚点，教学的中心、重心在学而不在教，下面来重点谈下学法。

(2)学法：课标要求“运用有关资料，概括城市化的过程和特点”。所以本节课就是要让学生能够运用相关资料概括城市化的过程和特点。首先对于相关资料的展示和运用，需要教师的充分准备，不仅要灵活运用教材的图表、案例、活动材料，同时要联系学生的实际生活，挖掘乡土城市化和情境化的材料，协同学生收集信息，拉近距离，激发学生兴趣，提高学习的主动性、体验性；其次，学生主要通过读图和阅读案例，获取图形和文本信息，通过对比分析，提高自身总结归纳能力；通过分组探究，提高独立思考和团队协作能力；最后，当学生学会将感性知识提升到理性知识的高度，将文本知识迁移运用到实际生活中，真正将知识活学活用的时候，他们会深刻感受到地理即是生活，生活处处皆地理的境界。

【承转过渡】课标的达成，教学目标的完成，教学法的运用，必须要通过精心的教学过程设计来具体落实，教学过程是本节课的具体实施，直接影响教学的效果，最后来谈下教学过程。

七、说过程

1.教学思路

本节课的总体教学思路来自于杜威的“做中学”理论。杜威将学习过程视为实际问题解决的过程，认为这一过程包含五个基本步骤或环节：情境——问题——假设——推理——验证。根据杜威的“做中学”理论，本节课总体教学思路设计为：

创设情境——展示实际数据和图片故事，发现身边的城市化现象。

提出问题——引导学生提出：城市化现象一直都存在吗？区域城市化一般会经历什么样的过程？不同地区城市化有差异吗？

推理假设——结合世界城市化水平的提高图，推导出城市化进程示意图——“S”形曲线，根据这一模型，提出假设，归纳区域城市化不同阶段的特征。

案例验证——通过英国的城市化进程案例验证区域城市化进程一般规律的普适性。对照当前的中国和英国城市化现象，对比体现出城市化的空间差异，结合活动题验证发达和发展中国家城市化的差异。

实际运用——针对我国目前所处的城市化中期阶段及常见的城市化问题，结合雄安新区的设立对北京市的有利影响和无为县城南新区的建设，验证并说明我们可以通过城市化的一般发展规律，把握现在，预测未来，可以通过有效的、合理的措施去缓解和预防城市化进程中出现的一系列问题。

【承转过渡】遵循这一教学思路，我把具体的教学环节设计为三大部分。

2.课堂教学模拟

教学环节	教师活动	学生活动	设计意图
新课导入（家乡的变迁）	“十一”假期里，我们班地理学习小组分别领取了不同的实践活动项目。下面请负责这一节课内容的调查小组展示你们收集和调查来的有关我们襄安镇和无为县城的人口、土地面积变化等方面的资料。 小结城市化的标志：城市用地面积扩大，城市人口明显增加，城市人口占总人口比重上升。	活动1：调查小组代表展示2000～2018年襄安镇、无为县城市的人口数量统计图和不同时间段的城区地图及占地面积变化情况说明。 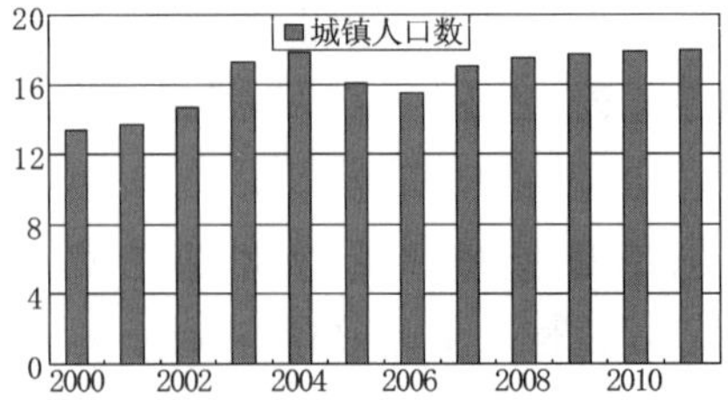 活动2：展示无为县城南景观图，讲述祖孙三代人都居住在城南农村的赵同学一家是如何从农民变成城市人的小故事。 阅读课本城市化含义：人口向城镇集聚和城市范围不断扩大、乡村变为城镇的过程。	身边的图，生活中的事，提高地理实践力，增加理解。

续表

教学环节	教师活动	学生活动	设计意图
推理总结	我们无为县城、襄安镇“郊区”原来的土地利用、居民从事的经济活动有什么变化？ 引导学生提出设问：这些变化是什么原因导致的？（总结城市化的动力、意义）	师生共同小结：用地转变：城镇用地面积明显增加，原来郊区的很多农业用地现在转变为各种非农业用地；居民（人口）转变：城市人口增加，居民由农业生产活动转变为非农业活动。 城市化动力：（区域）社会经济发展。	透过现象看本质，提升地理思维能力。
区域对比得出全面结论	问：全国其他地不同地区的城市化和我们家乡城市化的表现、原因是否一样呢？ （PPT）展示近40年长江三角洲地区城市化图文资料。	活动3：指导学生读图，思考长三角的城市化发展图文资料。 师生小结：长三角地区城市化的表现、原因与家乡的城市化相似，但也有不同。主要表现在：城市明显增多，发展速度更快。不过本质上还是社会经济发展的结果，所以原因是一样的。	认知不同区域，不同空间尺度城市化。
分析 推理假设 合作探究 概括总结	（PPT）展示世界城市化发展图，指导学会判读坐标图的一般方法； 指导分析英国城市化进程案例，概括区域城市化时间进程特点，得出“S”型曲线。 指导分析城市化一般发展规律图，引导学生要从城市化水平、速度、典型现象角度分析； 要求完成P35活动，引导概括发达和发展中国家空间差异并板书。	学生分组，合作探究，通过世界城市化发展图推导出城市化现象主要发生在工业革命后，进而判断出一般城市化进程图为一条稍被拉平的“S”形曲线。分组探究、推导出不同阶段特点，再通过英国城市化案例作例证，最后概括总结时间进程特点； 根据城市化的时间进程特点，对照当前中国和英国城市化现象，对比体现出城市化的空间差异，结合活动验证发达和发展中国家城市化差异的推断； 阅读世界城市化浪潮。	由材料推理假设出结论，通过不同地区案例验证结论，培养科学和综合思维能力。
复习巩固	（PPT）展示雄安新区的景观图，要求简述设立雄安新区对北京市的意义。 要求联系无为县城市化出现的实际问题，如何破解当前阶段突出的城市化问题，为家乡发展，提出合理措施。 教师适当总结归纳。	学生思考，结合本节所学知识，联系实际生活情境，展开开放性回答； 发展城市新区（城南新区），缓解城市中心拥堵，环境恶化问题；大力发展城市交通；教育和医院迁到城市外围（中医院和新一中）等； 从自身所知出发，说出家乡城市化速度较慢、在城市化过程中出现的其他问题等，提出解决对策。	联系实际，学以致用。

【板书小结】

- 第三节　城市化
  - 一、概况
    - 1. 含义
    - 2. 标志
    - 3. 动力
    - 4. 意义
  - 二、世界城市化进程
    - 1. 时间进程
      - 初期
      - 中期
      - 后期
    - 2. 空间差异
      - 发达国家
      - 发展中国家

注：本说课为安徽省芜湖市优质课评比的说课稿，其中第七项"课堂教学模拟"部分有细化。

课例十四：影响农业的区位因素

——基于核心素养的IPAD互动教学

浙江省宁波市镇海中学 黄薇 赵守拙

一、教学目标

(1)根据茶树生长习性，推测其生长地的主要自然条件，并在中国气候、地形图上勾画出茶叶主产区；以中国专题地图为依据，合理推测余姚、日照两地区的自然状况，拓展和提升不同空间尺度区域认知的方法和能力。

(2)能够对茶树种植这一农业产业活动，从自然、社会、技术等多个地理要素相互影响、相互制约的角度进行辩证、综合地分析，归纳影响农业区位选择的主要因素，培养地理问题分析的综合思维素养。

(3)能够借助iPad等技术手段，查询、收集、整理、利用日照自然、社会经济条件等信息，在相关理论或材料的支撑下，系统地表达自己的观点；课后能就身边熟悉的某一项农业生产活动，分析其形成的主要区位因素，提升地理实践力。

(4)能够结合茶树种植的案例，分析农业活动与地理环境协调的内在原因，理解农业生产的“因地制宜”思想；阐述日照地区在发展茶树产业过程中存在的人地关系问题，提出进一步协调当地产茶业与地理环境关系的具体对策和措施，树立人地协调观。

二、教学内容分析

农业是人文地理的经典内容之一，是自然地理环境与人类产业活动相互影响的开篇，本质上是地理区位思想的具体体现，是培养人地协调观的重要载体，也是学习农业地域类型的基础。农业区位因素是指促使某区域内农业生产的分布、形成、变化的原因或条件，这些原因、条件又被称为区位因子。根据农业区位因素本身的性质和状态，可将其分为自然因素、社会经济因素和技术因素三大类。

农业活动的发生发展都是基于特定区域发生的，这就要求学生在分析具体农业活动的过程中，需要对该农业活动发生的区域特点进行有效、全面的分析，因此区域认知是农业区位选择的基础。在早期的农业活动中，自然因素起决定作用，而现代农业生产中市场、科技等因素所起的作用越来越大。任何一个地方的农业生产都是区位因素综合影响的结果。因此在对农业的区位分析过程中，需要学生有综合思维。反过来，农业活动对地理环境也有一定影响，坚持因地制宜的人地协调观是我们在分析农业区位选择时的基本立场。

三、学情分析

学生通过对前面城市区位的学习，已对“区位因素”有所理解，知道其包含有“自然”和“人文”两个。在对“地理环境整体性”的学习中，也已有了地理要素相互影响、相互制约的认识。这些已备知识为农业区位探讨奠定了基础。但由于农业生产与区域地理有着密切联系，初中地理基础在很大程度上影响了学生的农业区位学习。另外，当前大部分学生基本没有从事农业生产的经历，对各种农作物的习性、生长与分布并不熟悉。因此在教学中要选取学生相对熟悉的农业品种导入，显得非常必要。

浙江是盛产茶叶的地区，很多学生对茶树和茶叶也有所了解。选取学生相对熟悉的茶树作为案例进行分析，能够拉近学生与农业的距离，有利于教学的生活性、生动性，体现了生本思想。

四、教学设计构想

创设有关茶树种植的情境，在了解茶树生长习性的基础上，分析其栽培的一般和特殊的地理条件。并以茶树种植为个案，推广到一般的农业生产活动，进而认识、理解一般的农业生产与其区位因素的关系。教学环节中，本人设计了“茶树种植知多少”“南茶北引败或成”“日照茶业谋发展”三个主体探究活动，以期达成本节课的知识、能力和核心素养目标。

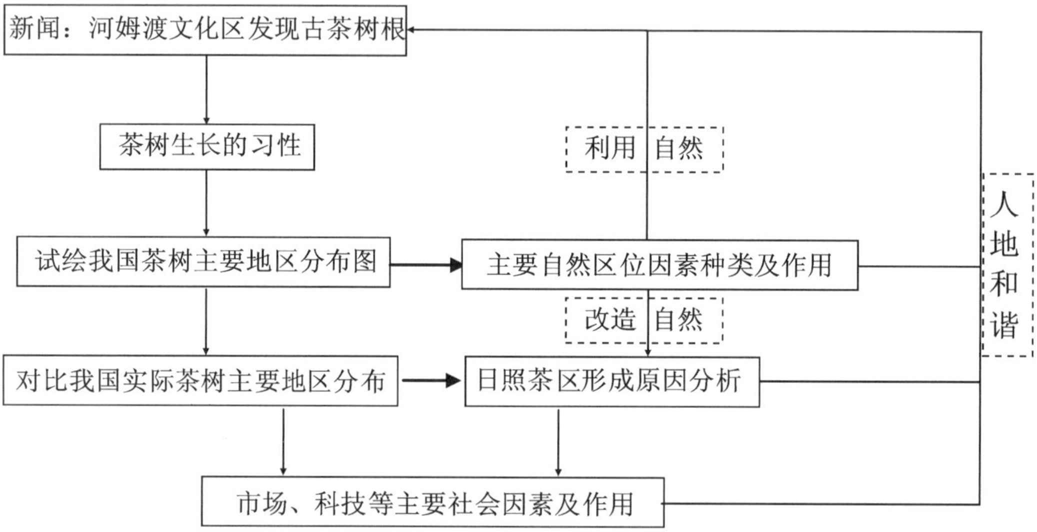

五、教学活动

1. 活动准备

(1)纸质阅读材料每人1份，包括与日照产茶有关的10段介绍材料(具体内容略)。

(2)学习小组：四人1组，组内分工，1名组长、1名iPad操作员、1名记录员和1名发言人。每一小组配备一台iPad，并将课堂所用图片与文字资料存入其中。

2. 活动设计

环节	步骤	师生活动	设计意图
导入	材料呈现	演示河姆渡文化区茶树根照片及电视新闻报道。 师：此次在宁波余姚河姆渡文化区田螺山发现的茶树根，将我国人工种植茶树历史向前推至距今6000年前，余姚被世界公认为茶树的祖籍所在。当地为什么能成为世界茶树的发源地？经过了6000年的传播，现今我国的茶树主要分布在哪些地区？	身边新闻，导向性信息，激发兴趣，引发思考。

续表

环节	步骤	师生活动	设计意图
	探究茶树生长的地理环境	展示茶树生长习性资料。 师：茶树的生长环境有哪些特点？证明余姚地区特别适合茶树生长需要哪些数据或资料？如何利用 iPad，间接地获取相关数据或证据？ 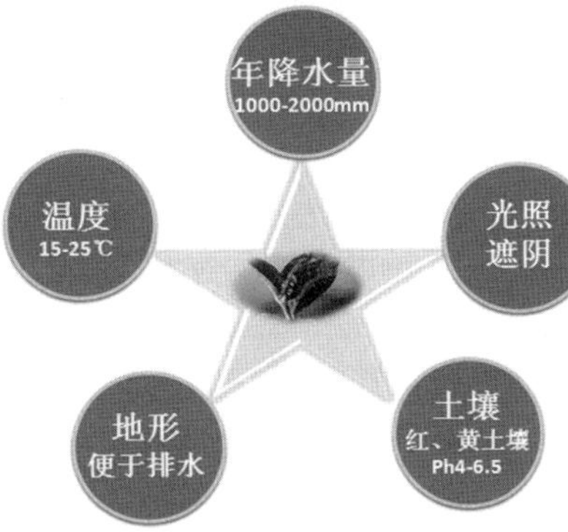	通过茶树生长习性，推测区位自然条件。设计方案，利用 iPad 搜集论据，验证茶树种植与多个自然地理要素之间的“吻合度”，认知区域辅助综合思维。
	小结1	（学生讨论、查阅、回答，教师小结） 1. 茶树喜暖怕寒，喜光怕晒，喜湿怕涝，喜酸怕碱。 2. 需要余姚当地的年降水量、气温、土壤酸碱度的测量数据等资料。如果没有，可以通过查阅我国气温、降水、酸碱度分布图（网上可查），推测出当地的相关数据。	
活动1：茶树种植知多少？	利用 iPad 绘制茶树分布图	师：请各小组合作完成：根据茶树生长的自然环境，在“中国主要山脉分布图”中勾画出我国茶树种植范围略图，用 iPad 呈现提交，并请各发言人说明你们组勾画出的范围及理由。发言时间 2—3 分钟。 生：组内讨论，达成共识，完成主要产茶区分布图。 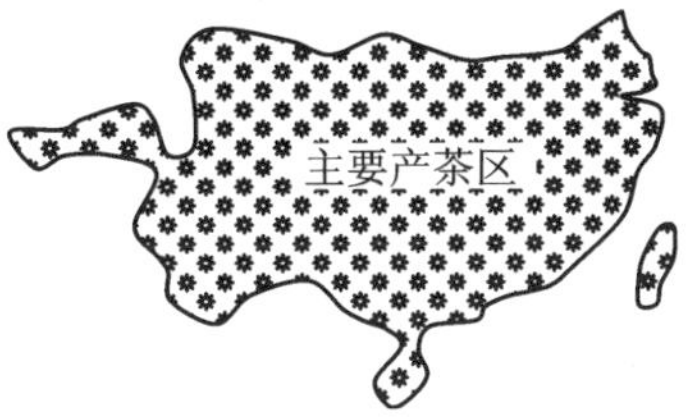 师：从同学们勾画的中国茶叶主要产区的情况来看，大多数同学把产区画在了秦岭—淮河以南的南方地区（800 毫米年等降水量线以南），尤其江南丘陵一带基本上每个组都画了出来。各组为什么基本都这么画呢？ 生：这些区域的自然条件能较好地满足茶树生长的要求。	绘制分布图，可以体会特定区域的自然特征与人类活动的关系，提高区域认知能力，初步感知农业活动的“因地制宜”思想。
	小结2	师：说明茶叶生产具有明显的地域性特点，只有气候、地形、土壤都适合的地区才产茶。	
	承转过渡	师：陆羽《茶经》：“茶者，南方之嘉木也。”同学们勾画出的我国主要的产茶区，与《茶经》的描述是一致的。说明你们与茶圣一样了不起。但是，我国现在产茶区的实际分布范围与大家勾画的是否完全一致呢？ 展示（PPT）我国当前主要产茶区分布图 师：实际上我国北方也有茶树分布，其中最北产区位于山东的日照地区。这一区域是我国北方规模最大的绿茶生产基地，被誉为“北方第一茶”。	创设认知冲突情境，对比质疑，为引入人文区位因素做铺垫。

续表

环节	步骤	师生活动	设计意图
活动2:南茶北引败或成?	材料呈现	(PPT)山东日照图 师:日照市位于山东东南部,黄海之滨,淮河以北。它并没有出现在大家勾画的区域之内,那么日照的自然条件适合茶树的生长吗?如果自然条件不适合,为什么还能成为我国北方最大的绿茶生产基地呢?先请看10个相关材料,思考问题:日照发展茶生产是否合适?	充分发挥学习共同体和主体作用,整理、使用信息和资料,使小组观点言之有理、言之有物,提升了综合素养:辩论以引发思维和认知上的冲突,可以深刻理解农业活动和当地自然、技术、社会经济等各要素相互作用的关系,树立人地协调观;在充分利用自然条件的同时,利用科技对某些区位因素进行改造,进而实现"农业可持续发展",突出了教学重点,训练了综合思维;
	小组合作讨论,陈述观点,呈现理由	先自主完成,后组内交流、讨论,5分钟后各组发言人发言。 小组1:我们小组认为不适合。理由如下,①茶树属于典型的亚热带常绿阔叶树种,从材料4中可知,日照纬度太高,热量不足,冬季低温会使茶树经常遭遇冻害。②该地地处温带季风气候,降水量偏少,季节、年际变化也比较大,易受旱灾影响。基于以上两点,当地种茶不仅提高了养护成本,还有可能经常亏损。③条件明明不适合茶树的生长,非要去种植,茶树的病虫害就会增多,要经常打农药。所以即使产了茶,茶叶的口味、品质也好不到哪去。 师:小组1从热量、降水、灾害和茶叶品质角度考虑,认为日照不适合产茶。他们有理有据有结论,其他小组同意吗? 小组2:我们小组认为,适合。大家一起看材料5~10。①材料已说明,日照绿茶是中国绿茶新贵,有独特的品质,畅销全国,茶园面积大。存在即合理。②日照之所以叫日照,光照条件一定好,昼夜温差也较南方大,而且酸性土壤,地形有一定坡度,便于排水。日照的茶叶一定有着与南方茶叶不一样的味道,这未必就是品质差。③位于"一带一路"的桥头堡附近,交通便利,方便茶叶运输和销售。 师:小组2也有理有据,但结论却相反。其他小组,你们赞成哪一个呢? 小组3:我们支持第1小组,认为尽管能种,但还是不种为好。因为日照地区并不是茶树的理想生长地,茶叶产量一定很低且不稳定。我问大家,茶农种植茶叶的目的是干吗?就是为了赚钱,而茶叶最有名的并不在山东,西湖龙井、太湖碧螺春、华南的铁观音等等不仅名气响,品质佳,利润也大。市场大饼毕竟有限,日照绿茶没有太大的名气,会在竞争中处于不利的地位。所以我们组的建议是,日照农民还是选择更适合日照的农业吧。 小组4:第1、第3小组的朋友们请听好,你们认为的影响日照产茶的限制性因素,其实当地茶农和政府已经解决了。1.成本问题:日照政府出台了补贴政策,一定程度上弥补了成本较高的问题。2.降水不足问题:通过水利设施建设和滴灌、喷灌等节水技术即可解决。3.茶树生长困难问题:刚才我们上网查了,当地已经通过科技,培育出适合在此生长的茶种;另外,通过大棚技术解决了热量不足及冻害问题。4.茶的品质问题:这个问题哪个产茶区都会有,山东冬季低温,可能病虫害反而会比南方轻。只要加强生产过程监控和市场监管力度,茶叶品质并不是问题。另外,我国北方产茶少,但人口多,消费市场大,当地又很注重品牌效应,市场已得以拓展。所以我们赞成种!	

续表

环节	步骤	师生活动	设计意图
活动2:南茶北引败或成?	小结3	师:及时记录学生发言中的各种区位因素及日照种茶的主要不足与优势,归纳板书。 教师小结:同学们的发言客观且精彩。你们依据现成的资料和网上现查的资料又能结合生活实际考虑问题,这是地理提倡的学习方法。到底日照种茶好还是不种好呢?老师个人觉得,只要你的理由充分,站得住脚,都是正确的。根据大家的发言,我总结出了影响某地的农业生产条件不仅仅有自然因素,还有社会经济和技术因素。而且,不利的自然条件可以通过人为的改造,让它变得适合这种农作物生产。当然能够改造的前提是以科技和种植技术做支撑,同时还要考虑成本问题。从日照地区茶业发展还可以看出:某一地区选择哪种农业,尽管自然条件是基础,但社会经济因素的影响越来越明显。因此,在人们在改造自然环境的同时,还要考虑生态效益,做到经济、社会、生态发展相适宜。	将学到的地理原理运用到实际区域问题中,可以加深对区域的认知。此外,学生在分工与合作中,促进了学习共同体的层次提升。
	承转	师:不过确实如反方同学所说,毕竟茶叶市场竞争激烈,日照茶业在生产、销售的过程中还存在着一些问题甚至困难。面对这些问题和困难,我们能不能从地理的角度,发挥自己的聪明才智,为日照绿茶的进一步发展出谋划策呢?	进一步拓展思路、提升综合思维水平。
活动3:日照茶业谋发展	师生互动	师:列出问题和困难,小组讨论,提出解决方案。 小组5:针对产量和品质问题,我们觉得还要进一步加强科技研发,培育新品种、特色品种,改善种植和采摘技术,稳定和提高产量,生产出品质更高的特色茶叶。 小组6:当地政府加大支持力度,在政策上为当地茶农提供更实用的帮助…… 小组7:我们小组觉得不仅仅要从茶叶生产上考虑,还应该在加工、宣传、销售、售后服务等各个环节上进行优化和创新,提升效率和质量,扩大国内外的销售市场,获取更多的经济和社会效益。 小组8:我们的建议是还应该适可而止,即使在日照一个地区,其自然、社会条件也有不同,不应盲目跟风,宜茶的地方则茶,不宜茶的地区则进行其他农业生产,以免引起不必要的经济、社会损失。	对前面内容的总结与升华,学以致用。为日照茶产业的可持续发展提出科学、合理的建议,是对区域认知的升华,也是人地协调观素养的具体形成过程,同时提升了学生的思维层次。
	小结4	师:无论大家今天是站在正方还是反方的立场,其实思考的角度都是一致的。请大家重新梳理你们的论据,归纳影响农业的主要区位因素有哪些? 生:气候、地形、土壤、水源、政策、市场、交通、技术、劳动力、历史经验等。 师:可以看到,这些因素总体可以分成自然、社会经济和技术三类。我们在选择某种农业进行生产的时候,首先我们需要考虑当地的自然条件,因为它是农业生产的基础,往往决定了一个地方能否进行生产。比如日照茶区,虽不在南方地区,但距离较近。对于商品化的农业,社会经济因素则起了主导作用。	

续表

环节	步骤	师生活动	设计意图
课堂总结	总结与作业	师:今天,通过日照"南茶北引"的例子,我们知道了以下几点,1.农业充分利用当地的自然优势,发展特色农业,正所谓"因地制宜"。2.自然因素对农业区位的影响非常大,但现在未必是决定性的影响。3.人类可以利用经济和技术条件对某些自然因素进行改造。所以科技对农业区位的影响越来越大。4.其他农业产业活动也有着与茶树种植相类似的情况,需要全面、科学地分析与此种农业有关的区位因素,才能得出正确结论。只有结合区域的具体特点,因地制宜,并协调好人地关系,才能实现可持续的发展。 课后作业:我们浙江最主要的粮食作物是水稻,浙江为什么适合发展水稻种植业?课后请大家设计方案,认证好这一问题。	深化课堂内容,构建知识体系,以课后作业为背景,为下一节内容"农业地域类型"教学做铺垫。

3.板书归纳

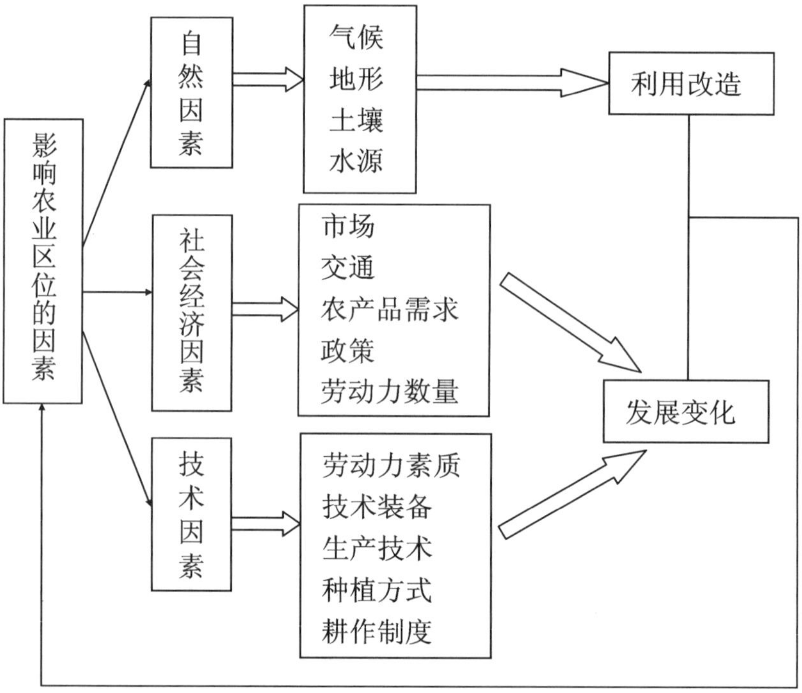

六、课后反思

本节课以学生地理核心素养的提升为目标,以三个主体活动为载体,通过对几个具体问题的探讨,将农业区位因素这一主题进行了素养化的落实。教学中以身边的新闻导入,探究茶树种植所需要的自然条件;通过辩论日照的茶叶生产条件,引入社会经济和技术因素分析;以为日照茶业谋发展为例,引导学生树立产业活动的人地协调观念。课堂通过 iPad 收集、整理资料,合作完成课题后,及时反馈各组成果,创造了开放性的学习方式,提高了教学效率;以合作、展示、辩论的形式展开教学,提升了学生的课堂主体感。整节课既有知识的建构与落实,又有方法、能力、情感的训练和养成,更有地理核心素养的浸润和升华。

当然，利用 iPad 等电子媒体新技术与课堂教学融合，在拓展了学生视野，提高了教学的生成性的同时，学生的课堂笔记也随之减少。学习痕迹减少后，增加了学生复习时回顾课堂的困难。这就要求教师要在课后及时整理、优化和简化学生的发言，形成一课一课的新的课程资源。与其传统教学相比，这个工作量是额外的但是必须的，我仍愿意坚持用 iPad！

七、补充材料

材料一：日照市(119°E,36°N)其濒临沿海，受海洋影响显著，气温年较差比同纬度其他地区小。夏季高温多雨，冬季寒冷少雨。年均气温 12.7℃，无霜期 223 天，年平均日照 2533 小时，年均降水量 874 毫米，与南方地区相比，昼夜温差大，使茶叶生长缓慢，具备了南方茶没有的特点。日照市山地、丘陵、平原相间分布。境内山地丘陵土壤呈微酸性，含有丰富的微量元素。

材料二：2011 年冬春季节，日照持续了 5 个月的干旱天气，冬季又遭遇低温冻害天气，在“干、冻”的双重影响下，已经有茶田出现绝产。2015 年 8 月，干旱让日照茶园的芽叶生长缓慢，茶园养护成本上升。

材料三：茶树在－6℃就会出现冻伤。2012 年以来日照市政府出台政策，每建一亩越冬大棚补贴 4000 元，每建一亩越冬小棚补贴 500 元，实现茶叶的提前上市。

材料四：日照不少大型茶园基地选址时考虑依水而建，同时进行水利设施建设，滴灌以及微喷等节水灌溉手段也派上了用场。另外，很多茶园进行了裁剪养护，等待秋季生产。

材料五：日照绿茶具有“汤色黄绿明亮、栗香浓郁、回味甘醇、叶片厚、香气高、耐冲泡”的独特品质，富含对身体有益的维生素、矿物质和微量元素，被誉为“北方第一茶”“中国绿茶新贵”，畅销全国 20 多个大中城市，并远销韩国、日本等地。市场对日照绿茶的需求一直很旺盛，并保持上升势头，推动了当地茶园面积的扩大。

材料六：目前，新亚欧大陆桥东方桥头堡——山东日照市正在通过加快构建综合交通、国际贸易物流等体系，加强与“一带一路”沿线地区的互联互通和对接服务。当地的绿茶有望在“一带一路”战略推动下，走向更广大的世界市场。

材料七：每到采茶季，茶农需要雇大量的专业采茶人员，人工费用都会成为茶农最大的支出。新叶长得快，一夜之间就老了，不及时采摘的话，特级茶就会变成 1 级茶、2 级茶，到最后就成了没有价值的大叶子。

材料八：为了加快日照市经济作物机械化步伐，日照市财政资金对茶园耕作机具（茶叶色选机、采茶机、高性能茶树修剪机等）实施购置补贴。

材料九：2015 年 5 日—6 日，山东省茶树育种与繁育学术研讨会暨茶树良种繁育技术培训班在日照举办，各方将加强茶树育种繁育基地建设，选育适合在山东生长的茶树品种，促进山东茶树良种化进程。

材料十：在山地的绿茶市场，“崂山绿”“日照绿”和“诸城绿”呈三足鼎立之势。其中“崂山绿”将产地优势、旅游优势转化为市场优势，价格普遍高于南方茶叶；而“日照绿”口感、品质、味道并不输于“崂山绿”，但知名度和价格却比“崂山绿”低许多。同时，“日照绿”受不利气候条件影响，产量一直较少。茶叶种植以农户种植为主，茶园投入小，茶叶加工以家庭作坊式居多，缺乏龙头企业带动，茶叶品种单一，管理标准不一，存在以次充好和农药残留问题，这些都阻碍了“日照绿”的进一步发展。

附：

茶树种植起源之争：田螺山茶树根成重要证据

茶树原产于中国，自古以来为世界所公认。瑞典科学家林奈(Carl von Linne)在1753年出版的《植物种志》中，就将茶树的最初学名定名为Thea sinensis. L，后又定为Camellia sinensis L.，“sinensis”是拉丁文中国的意思。只是在1824年，驻印度的英国少校勃鲁士(R. Bruce)在印度阿萨姆省沙地耶(Sadiya)发现有野生茶树后，在国际学术界开展了一场茶树原产地之争。

印度起源说的论据是：只有印度有野生茶树，而没有人提出中国有野生茶树；印度阿萨姆种茶树长得“野”，树高叶大，而中国种茶树树矮叶小。其结论是：印度种是茶树原种，印度是茶树的原产地。

然而多数学者认为茶树原产地在中国。1935年，印度茶业委员会组织了一个科学调查团，对印度沙地耶发现的野生茶树进行了调查研究。结果，植物学家瓦里茨(Wallich)博士和格里费(Griffich)博士都断定，勃鲁士发现的野生茶树，与从中国传入印度的茶树同属中国变种，至于茶树的某些差异，那是野生已久的缘故。

特别值得提出的是，日本的学者志村桥和桥本实，他们通过对茶树细胞染色体的比较，指出中国种茶树和印度种茶树染色体数目都是相同的，即$2n=30$，表明在细胞遗传学上两者并无差异。桥本实还进一步对茶树外部形态做了分析和比较，发现并不存在区别中国种茶树与印度种茶树的界限。

有无野生大茶树，固然是确定茶树原产地的重要依据之一，但发现有野生茶树的地方，不一定就是茶树的原产地。中国和印度目前都有野生大茶树生存，但有一点是明确的，当印度人还不知种茶和饮茶，更不知道印度有茶树的时候，我国发现茶树和利用茶树已有数千年历史了。只是到了1780年，英国人和荷兰人才开始从中国输入茶籽在印度种茶。

孙国平研究员表示，田螺山遗址茶树根遗存的意外发现，为解决世界茶树种植起源于何时何地这一问题找到了重要证据。

课例十五:工业区位因素

安徽省蚌埠市五河县第一中学　尚丹

一、教学内容分析

工业是国民经济的主导产业,在我国目前的产业结构中也居主体地位。工业与农业、服务业一起,是人文地理的重要内容。工业又因其特点在区位因素及区位选择上比农业更加复杂与灵活,该节内容也是对区位因素等知识的深化。教材首先用简图展现了工业生产的一般过程。从决策者的角度,引导学生分析工厂的区位选择需要从哪些方面考虑;同时提出工业区位选择应达到的经济目的,进而了解影响工业区位选择的主要因素种类。有很多工业产品的成本构成中,往往有一种成本较其他成本显明偏高,在该工业的区位选择过程中,这种因素的优劣就成为首要考虑的因素,即所谓的“抓主要矛盾”,这就是五类指向型工业。

本部分内容的教学,要注意理论联系实际,课前要收集当地代表性工厂的相关信息,分析该工厂区位选择的优势条件和主导因素,然后进行课堂汇报和讨论,从而更好地理解五种指向型工业区位选择的主导因素。

二、学情分析

学生对工业生产并不陌生,家乡的企业、父母上班的工厂,都是学生了解工业生产特点的直接信息来源。另外,学生在初中阶段已经学习过工业的概念、分类以及中国四大工业基地等知识,对工业有了大致了解。再则,本节是在学习完农业区位选择相关知识后学习的,学生已经掌握了有关区位、区位因素、区位选择等概念和相关的分析方法,为工业区位因素及其变化的学习提供了认知基础。但是,与自然条件相比,社会经济因素对工业区位选择的影响更为广泛和深刻。因此,工业区位选择要比农业复杂且灵活得多,需要所谓的“具体问题具体分析”,这也是学生学习的难点所在。

三、教学目标

课标内容:结合实例,说明工业区位选择。

1.知识与技能

知道影响工业区位的主要因素,掌握对工业选址的初步分析和判断方法;在区位认知的基础上,对某地区的工业区位因素进行简单分析,反过来进一步提升区域认知能力;理解工业的区位选择既要注意经济效益,也要注意生态效益和社会效益。

2.过程与方法

结合身边的实例,理解影响工业区位选择的主要区位因素;在案例探究的过程中,掌握五种指向型工业及典型代表;应用图表资料,对某具体区域的工业区位特点做出适当评价,解决实际问题。

3.情感、态度与价值观

学会使用辩证、全面、联系和发展的观点看待工业区位选择,逐步树立人地和谐发展的思想。

四、教学重、难点

1. 教学重点

分析影响工业区位的因素，并解释各因素的主要影响。

2. 教学难点

能够联系实际，针对具体的工业提出选址建议。

五、课时

2课时。

六、教学设计思路

(1)对比工业、农业概念，了解工业生产的一般过程，熟悉工业生产活动。

(2)以家乡的某一工业企业为例，说明该企业建厂时需要考虑哪些主要因素，指出当地布局这一企业最主要的优势条件。

(3)运用图表资料，总结出五类指向型工业，并熟悉和理解每类工业的主要代表。

(4)以某一具体区域为例，分析和评价该区域内的工业布局条件，并给出具体建议。

七、教学实录

<table>
<tr><th>教学环节</th><th>教师引领</th><th>学生活动</th><th>设计意图</th></tr>
<tr><td>导入新课</td><td>(视频播放)我县的雪花啤酒厂发展现状，要求看完后说一说对工业生产的认识。总结：工业是利用原料加工成产品的产业。</td><td>观看视频，了解家乡的工业。讨论并回答什么是工业，与农业相比，工业生产的特点等。</td><td>了解工业从身边开始。</td></tr>
<tr><td>工业的地位</td><td>(讲述)同学们，环顾我们的四周，大家看到的基本上都是工业产品。我们的衣食住行都离不开工业生产。从国家层面而言，工业是绝大多数国家经济的主导，现阶段的我国经济也以工业为主。
PPT展示本县经济构成。
问题1:五河县产业结构现状特点是什么？
明确：工业生产占地面积小，但产值高，能够带动经济发展，因此工业是我县今后重点发展的产业。
问题2:今后我们五河，是不是无论什么样的工业我们都要大投资大建设呢？</td><td><table>
<tr><th>年度产业比重(%)</th><th>2015</th><th>2016</th><th>2017</th></tr>
<tr><td>第一产业</td><td>29.6</td><td>24.6</td><td>22.2</td></tr>
<tr><td>第二产业</td><td>37.2</td><td>28.8</td><td>29.5</td></tr>
<tr><td>第三产业</td><td>33.2</td><td>46.6</td><td>48.3</td></tr>
</table>
阅读图表资料后，回答：
1:我县经济结构中第三产业即服务业产值比例最高，以服务业为主。但与农业相比，我县的第二产业即工业产值比重较高。
2:肯定不行。因为有些工业并不适合我县发展，否则没有经济效益甚至浪费钱财和人力。所以，家乡的工业要具有乡土的味道。</td><td>以家乡产业结构特点引入工业生产问题。</td></tr>
<tr><td>转承过渡</td><td>大家已经明白：工业生产的主要目的之一就是要尽量降低成本，获得更多的经济效益。那请问：为什么我县的纺织企业的效益比较好而有些工厂办起来后又倒闭了呢？这其中的客观因素有哪些？
大家探讨的这些原因就是我们今天要学习的第一个重点内容：影响工业的区位因素。</td><td>讨论、交流、回答：
由于我们县的劳动力价格、土地价格等优势明显，再加上政府的支持，所以纺织企业的效益一直比较好；但有些工厂(如酒厂)或因市场产品过剩，或因原料供应不充足，或因管理不善等原因逐步被市场淘汰。
当然，也有因环境污染被取缔的，比如原光明玻璃厂。</td><td>由工业发展条件到工业的区位因素。</td></tr>
</table>

续表

教学环节	教师引领	学生活动	设计意图
角色扮演	为了报效家乡，振兴我县工业，假如你以后有了一大笔资金，想要在家乡办厂，你会考虑哪些因素？你理想中的办厂条件是怎样的？ 纠正发言，如工人工资在区位因素上叫作劳动力价格、政府态度可称作政策、工业现有基础也可称作协作条件等。补充环境及社会效益等因素。（板书）	讨论后回答、相互补充： 总体而言，需要考虑的因素主要包括原料、水源、地价、工人工资、员工技术、产品的市场前景、交通条件、现有工业基础、政府领导的态度等等。我希望这些条件都达到最好。	理解、运用工业区位因素。
小结承转	大家已经考虑得很全面，具有了办工厂当老板的基本眼光了。 问 1：在你们办厂前需要考虑、调研的所有因素中，是自然方面的多还是社会经济方面的因素多？ 小结：由于社会经济因素对工业影响得更多，这也必将导致工业区位选择比农业更加灵活、复杂。 问 2：大家都希望自己的工厂所有的区位条件都达到最好，这在现实中是否可能？如果不可能我们该怎么办？	答 1：自然类的只有水源、土地和部分工厂的原料三种，而更多的则是社会经济因素。 答 2：（共答、互纠、教师帮助小结）工业区位选择也有“理想与现实”的矛盾。这就要求我们在工业区位选择时，不仅要全面考虑各种影响因素，更要从经济效益角度出发，“抓主要矛盾”，找出影响这种工业的最主要因素。这个“主要矛盾”就是影响产品的成本构成中，最重要的那个因素。	与农业比较，理解工业生产特点；工业区位选择须综合衡量，重点考虑。
过渡	（微视频）flash 动画演示一组工业（啤酒厂、蔗糖厂、精密仪器设计公司、炼铜厂以及造纸厂）在某区域的位置。	学生观察，小组讨论、分析，然后派代表回答造成这组工业选址位置差异的原因：主要成本构成影响工业选址。	引出五种指向型工业。
新课教学	（PPT）展示蔗糖厂生产成本图。据图，观察并讨论、回答： 1. 就蔗糖的生产而言，原料运输的费用是最高的。那么，如果你是蔗糖厂老板，你会将蔗糖厂放在哪里？类似的工业还有哪些？这类工业的原料有什么特点？ （PPT）展示 flash 中其他工业的成本构成图。可见，不同工业的成本构成比例不同。同理，按照经济效益原则，根据主要成本情况，我们就能推出影响这些工业的主导区位因素，进而推知其区位选择的结果。 2. 请指出啤酒厂、精密仪器、炼铜厂、普通服装厂等工业的布局特点。 大家的答案就是五大类指向型工业。	分析出蔗糖厂的主要影响因素是原料，然后根据小组内讨论后回答： 1. 蔗糖厂应该要布局在甘蔗种植丰富的地方，即原料产地。所以 flash 中的蔗糖厂放在华南地区，因为糖料作物在我国的分布特点是北方甜菜南方甘蔗。除蔗糖厂外，还有水果、海产品加工厂等。它们的共同特点是：单位产品的原料消耗较多而产品较少，运输原料的费用高；或原料易腐烂变质，不太好运输。而产品相对质量轻、体积小，好运输。 2. 其他不同工业区位选择如下：（板书） 啤酒厂：市场 精密仪器：知识、技术 炼铜厂：动力 服装厂：廉价劳动力丰富的地方	分析材料，生成新知识。

续表

教学环节	教师引领	学生活动	设计意图
科技的发展对工业区位的影响	很多同学都喜欢喝牛奶饮品，而且多是蒙牛、伊利等牌子的。在农业的学习中我们知道，大家喝的奶牛场应属于城郊农业中的一类，请你做一位细心的消费者，观察一下它们的产地，然后说明为什么我们可以喝到？类似的商品你还能举出一些例子吗？这种现象说明了什么因素的发展变化，影响到了传统的工业区位的选择？ 小结：由于高温灭菌等技术，使得纯牛奶可以远距离运输和销售。可见，由于技术的发展，上述的几大类指向型工业也会随之发生改变。由于科技的进步，工业区位因素在布局中的作用是不断变化的，一个区位的变化会引起连锁反应，进而影响工业的区位选择。 （板书）科技交通的发展影响工业区位。	有纯牛奶的同学请把它拿出来，观察它们的原产地，都是内蒙古或新疆。分析其原因： 生1：我的伊利纯牛奶，盒子上的说明书确实标明产地在新疆。说明书中说明了它是经过高温灭菌的，保质期可以达到3个月，所以我们可以喝到。 生2：我喜欢喝蒙牛纯牛奶，它的产地在内蒙古。这种牛奶应该是通过特定的灭菌技术处理的鲜奶，保质期相对延长，再加上现在的交通运输已经非常便利，所以可以销售到全国各地。 生3：有些啤酒好像也是。以前是玻璃瓶装，但是现在是听装，轻便、安全了很多，所以我们在超市除了雪花啤酒外还可以买到哈尔滨啤酒、重庆山水等等甚至是国外的啤酒。	分析生活中的事例，就可以提高地理综合思维的能力。
“三强两弱一吸引”	通过前面的材料，我们知道五和县的工业还不够发达，既然科技可以改变工业的区位选择，那么咱们能不能通过发展科技产业进行弯道超车呢？请各小组展示你们收集的新闻材料。 科技的介入改变了原先的工业区位因素，使得工业区位选择也在不断地变化，我们可以用“三强两弱一吸引”来进行概括和总结。（板书） “三强”：市场、技术和劳动力素质影响在增强；“两弱”：原料和劳动力数量的影响在减弱；“一吸引”：交通发达、信息通畅的地方对工业选址具有较大的吸引力。 由此可见，一个在市场、原料、劳动力等并无明显优势的地方，要想发展好工业，必须要在科技水平、交通等上提升层次，在政策及地方政府的服务质量上做文章。大家所举的例子，都说明我们五和县政府已经认识到了这个问题，并在积极地寻找对策。	五河在2017年的工业增速并不高，但是实现了工业的脱胎换骨，为未来产业的转型打下了基础：①年初，安徽最大的电梯企业——安徽富控电梯有限公司投产。②2017年，五河先后有3家无人机生产企业投产。2018年1月首台无人机下线。③安徽唯一一家内燃机车和电动机车产业园开工建设，园区建成以后，将容纳10到20家机车产业园，年生产1200台火车机车的能力，并且在11月份第一家内燃机车产业生产了安徽省第一个火车头。④五河第一个LED显示屏企业已经开始装修，预计春节前投产。⑤3、4、5、从11月份以来，五河已经签约了11家科技型小企业，利用工业园区厂房和中小企业产业园生产。⑥今年开工建设的安徽工科电气有限公司，是南瑞继保投资兴建的。以生产变压器、保险箱等企业，投资达到十亿元。更主要的是南瑞继保所有员工都是本科以上学历。	用实践服务于教学，实践力和其他地理素养可以相得益彰。

续表

教学环节	教师引领	学生活动	设计意图
污染工厂的布局	刚才的 flash 中，还有一个工厂没有分析到——造纸厂。大家会发现，造纸厂总是被放在城镇河流的下游。这是为什么呢？ 除水污染外，工业中还有大气污染、固体废弃物污染等。 （PPT）工业污染类型 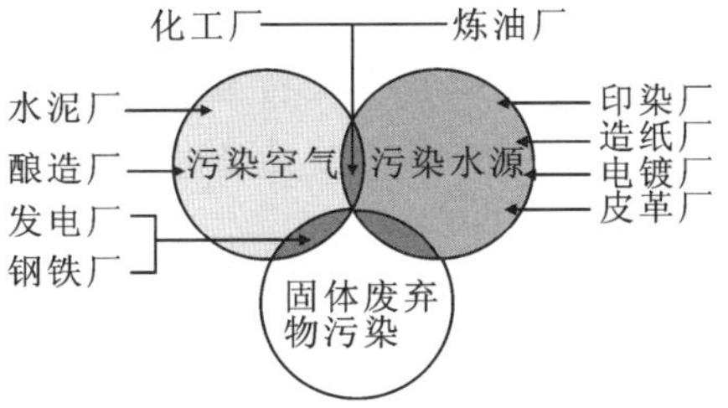 同理，大气污染的工厂布局如下图： 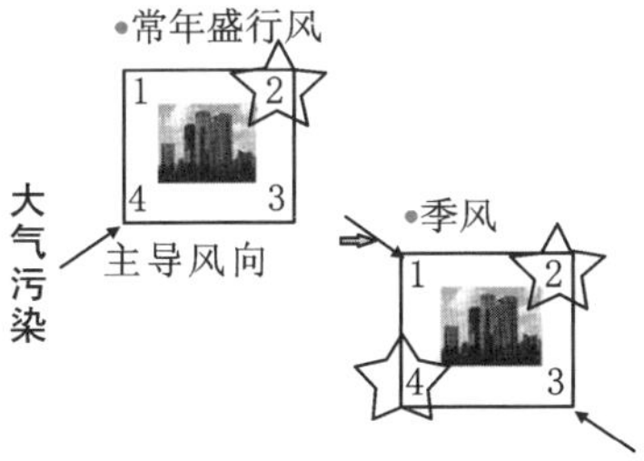 布局原则：工厂设在盛行风的下风向与季风相垂直方向的郊外。	组内交流回答：造纸厂的水污染较严重，而且目前还没有既经济又有效的办法来解决这种水污染的问题，所以要安放在河流的下游（如下图所示）。 污水排放口应远离水源地及该河段河流上游，即位于河流下游。 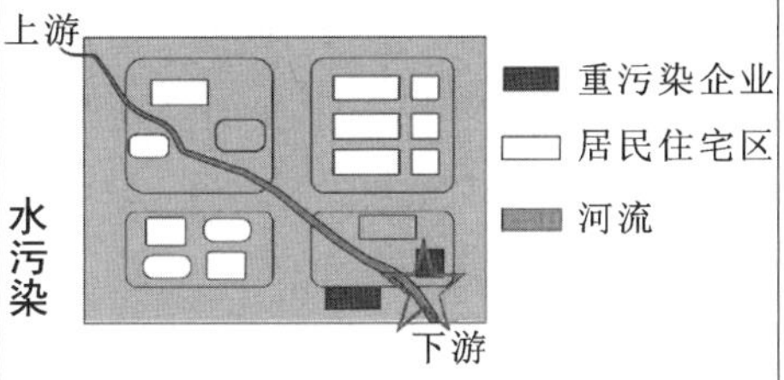 【PPT】练一练。 你来把关： 下图所示，从环境保护角度出发，图中四个工厂布局比较合理的是________。 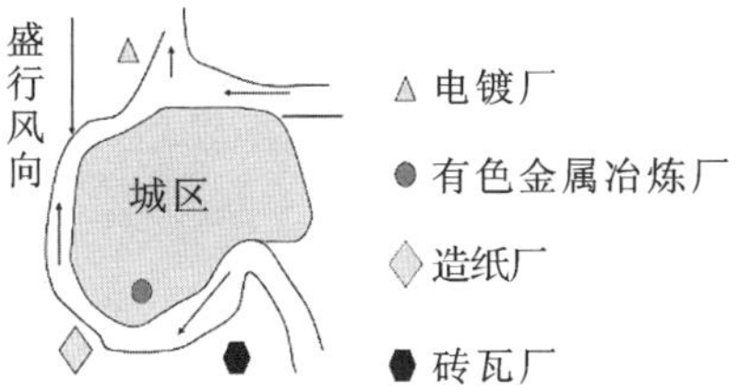 	抽丝剥茧，层层递进，掌握工业污染的类型与区位选择并即时巩固。
小结	本节课主要带领大家一起认识工业、工业生产的影响因素、工业区位因素及其变化、五大类导向型工业以及污染类工业布局的原则等内容。大家可以根据所学的知识，来评价一下我们县或你们家乡镇上工厂的区位选择正确与否。生活处处有地理，只有把我们学到的地理知识应用到实践当中才能真正提升我们的地理素养。		

八、教学后记

本节课主要让学生了解有关工业生产的过程以及生产成本，以角色带入让学生理解在工业生产中最为主要的是降低生产成本进而获取最大利益，从而引出工业的区位因素。通过对家乡的工厂进行介绍，尽可能以家乡的案例进行讲述（由于本县的工业类型不太全面只能选择个别案例，其他的还是要以典型工业案例进行教学）相关的自然和社会经济因素，然后再利用 flash 动画演示进行五大类导向型工业的介绍，其中通过案例讲解科技发展对工业区位因素的改变，让学生对家乡科技类工业的资料收集，激发学生对家乡的热爱；接着，再次利用 flash 中的造纸厂引出对于污染工业的布局选择，完善整个工业区位的选择。最后，对本节课进行总结。

在学习方式上，本节课以合作探究为主，通过问题设疑激发学生的学习热情，通过案例展示与分析引导学生运用区位因素分析方法，分析工业区位因素的变化及其影响。同时通过学习让学生认识到要关注生活中的地理问题。纵观本节课，一共有两大亮点：一是重视思维训练。通过层层设问以及小组讨论探究，引导学生自主思考，锻炼学生的地理思维能力。二是案例丰富，引导学生关注生活，运用所学知识看待生活中的地理现象，既直观又形象。

总体而言，本节课较为突出的就是大胆利用了 flash 动画使学生更加直观地发现和建立空间概念：哪类企业怎样布局，在什么地方布局，需要考虑哪些因素等等很直观地就能够看出，并且动画效果远好于二维的图片。不足之处在于内容较多，虽然是以图片和动画形式呈现，可对于长时期待在学校的学生而言还是较为空洞，要是能够实地考察实践可能会让他们得到的不仅仅是书本知识这么简单了，教学过程中学生分析回答以及新闻等形式时间占用过长使得节奏过快。

课例十六：交通运输方式和布局变化的影响

立足乡土　借助图像　培养地理实践力

安徽省无为县襄安镇高级中学　耿勇

一、课标分析

“结合实例，分析交通运输方式和布局的变化对聚落空间形态和商业网点布局的影响。”本条课标主要由两部分组成，一是分析交通运输方式和布局的变化对聚落空间形态的影响；二是分析交通运输方式和布局的变化对商业网点布局的影响。课标要求的行为条件是“结合实例”，行为动词是“分析”，具体内容是“交通运输方式的变化对聚落空间形态和商业网点布局的影响”。根据课标要求，教学中融合乡土案例，组织学生对家乡小镇近几十年的主要交通方式和布局的变化进行实践调查，根据调查的过程和结果，引导学生分析归纳交通运输方式和布局的变化对聚落空间形态和商业网点分布的影响。

二、学情分析

前面一节内容对主要交通运输方式和布局做了介绍，学生对本节内容的学习已经有了一定基础，从知识生成的角度，希望能够水到渠成。但是毕竟是课本知识，没有具体实践，从知识理解和运用的角度，深度学习此内容仍会产生一定的困难；另一方面，高一学生对实践探索充满好奇和渴望，如果通过对家乡实际进行考察、调查后获取相关知识，可以加深学生的理解和认知水平。所以结合教学内容和学生心理，在教师的指导下，组织学生校外实践，感悟实际，进而积极参与教学，才能充分调动学生学习的主动性和体验性，使学生在实践和学习的过程中产生强烈的获得感和成就感。

三、教学目标

1. 知识与能力

学会分析交通运输方式和布局的变化对聚落空间形态和商业网点布局的影响；能够对照案例判断和预测交通运输方式和布局变化对聚落空间形态和商业网点布局的影响；学会“谷歌地图”软件的简单使用；策划、制订实践活动方案，分工协作完成社会调查，提升实践技巧和能力。

2. 过程与方法

对谷歌地图的运用，让学生能够直观地观察案例并分析，加强学生区域认知，提升课堂教学效率；问题设置、小组分工、实践调查、汇报总结和课堂展示等活动，让学生参与知识的生成过程，更能让学生深刻地感受到知识来源于实践也必能应用于实践；通过展示概念图的作图过程，使知识逻辑化和可视化，提升学生的知识整合能力。

3. 情感、态度和价值观

对家乡交通运输方式和布局的变化对聚落形态和商业网点分布影响的实践调查，提高学生学习地理的兴趣，培养热爱家乡、建设家乡的情感；培养学生观察生活、热爱生活的情感，培养地理即生活的思想。

四、教学思路

1.课前准备

指导学生制订方案，分工协作完成“近30年来襄安镇的交通运输方式和布局变化及其对当地聚落形态和商业网点的影响”的实践调查，使学生感知和理解二者间的联系，为小尺度区域的感性认知上升到大尺度区域的理性分析做充分准备。

2.课堂环节

环节一：图形导入 认知家乡：以生活的家乡为案例，通过图片导入的形式，加强对家乡的区域认知。乡土教材具有天然的亲近性，利于拉近学生距离，激发学生的学习热情和兴趣。

环节二：情境再现 深度参与：以实践调查为学习手段，学生在课堂上展示研究结果，将实际情境再现于课堂，确立学生的学习主体地位，使学生充分参与和体验学习过程，促成课堂知识的生成性。同时，由小区域拓展到大范围，由个案到共性，提升学生的知识迁移能力和思维能力。

环节三：图形归纳 提升能力：通过概念图的形式对相关知识点适时地进行整合归纳，充分揭示各知识点之间的内部联系，将其逻辑化和可视化，利于内容体系的整体性把握，从而提升学生的知识整合能力。

五、教学实录

教学环节	教师活动	学生活动	设计意图
新课导入	同学们，今天我们要通过我们生活的千年古镇——襄安镇来认识交通运输方式和布局变化给我们襄安镇的形态和商业分布所带来的影响。我们先来认识一下自己的家乡——襄安镇。	学生观看千年古镇襄安镇的航拍视频和同学拍摄的永安河、老公路和军二路等相关图片，简单了解家乡的历史和现状。	利用身边的景观材料，培养热爱家乡的情感。
投影展示	展示襄安镇的谷歌地图，先取一张放大的截图，给学生介绍下一些图例的含义和学生熟悉的一些镇上位置；再取一张缩小的图片，展示在中国地图上襄安镇的位置；最后提出问题：安徽省芜湖市无为县襄安镇的地理位置、典型气候、地形特征、主要河流的分布？	小组合作，学生代表整理归纳：襄安镇位于(31°11′，117°46′E)，为亚热带季风气候，处于长江中下游平原地区，地势低平，水系较密集，境内主要河流为永安河，为长江支流，位于镇西部和南部地区。	利用地理信息技术，加深对家乡环境特征认识；结合不同尺度区域的转换，增强区域认知能力。
承转过渡	根据襄安镇的地理环境特点，大家可以推测：1.襄安镇早期的主要交通运输方式是什么？为什么？2.现在的主要运输方式又是什么？你从哪些方面来证明你的推测？	根据调查结果，学生代表回答：1.河运。因为早期交通运输技术较落后，河道成为天然水道，主要发展水运。 2.现在主要是公路，每天车辆多，客运、货运量更大。	根据调查结果，设计相关问题，加深感知和认识。

续表

<table>
<tr><th>教学环节</th><th>教师活动</th><th>学生活动</th><th>设计意图</th></tr>
<tr><td>证据展示</td><td>邀请学生代表展示调查结果：照片、录音、文字表述，旨在说明交通运输方式的明显变化。</td><td>学生代表展示拍摄的照片和居民的走访调查录音等，反证推导的结论。</td><td>用实践结果验证结论，增强成就感。</td></tr>
<tr><td>学生整理</td><td>主要交通运输方式和运输线路的变化给交通运输的布局带来了变化。请各调查小组代表将你们组观察、走访、调查的结果，进行梳理，并通过幻灯片呈现出来。

</td><td>小组呈现结果：
1. 明清时期的水路运输以永安河作为天然河道，主要位于襄安镇西部和南部。
2. 建国后公路运输布局经历二次变化，第一次是建国后到 90 年代中期，这时候的公路主要经过襄安镇的镇中心区域，过老洋桥(本地桥名)；第二次变化是在 90 年代中期以后，随着镇北部的军二路的开通，老公路的运输量逐渐减少。现在主要的客运和货运都集中在这条新的线路上。</td><td>根据调查结果，设计教学环节，让学生积极参与和体验课堂，不仅对知识有更深刻的认识和理解，更能充分体验知识的生成过程，进而整理归纳，提升实践能力和思维层次。</td></tr>
<tr><td>小结并分析原因</td><td>刚才同学们通过自己的亲身实践，对我镇的主要交通运输方式和布局的变化做了很好的阐述，梳理如下：
<table><tr><th>时间</th><th>方式变化</th><th>布局变化</th></tr><tr><td>明清时期</td><td>河运</td><td>镇南部河道</td></tr><tr><td>建国后</td><td>河运、公路</td><td>镇南部河道
镇中心庐无路</td></tr><tr><td>90 年代中期后</td><td>公路</td><td>镇北部军二路</td></tr></table>问：襄安主要交通运输方式和布局发生变化的原因是什么？这种变化给人们的出行带来了哪些改变？</td><td>思考、交流，结合调查结果回答。
原因：水运慢，且连续性差，而公路灵活方便，运量大。到上世纪 90 年代后期，水运逐渐衰落；取而代之的是公路的快速发展。
改变：襄安镇人民的出行很少选择水路运输，公路逐渐成为人们出行的主要交通方式。</td><td>归纳成表格，对比明显，简洁直观，利于整体把握；分析原因，体现地理思维。</td></tr>
<tr><td>图形对比，“大家找不同”</td><td>除了给居民的出行方式带来较大影响外，对我们城镇的形态有没有带来影响？
展示 2009 年和 2018 年襄安镇镇区二幅谷歌地图，引导学生从聚落形态的角度对比找出差异。
 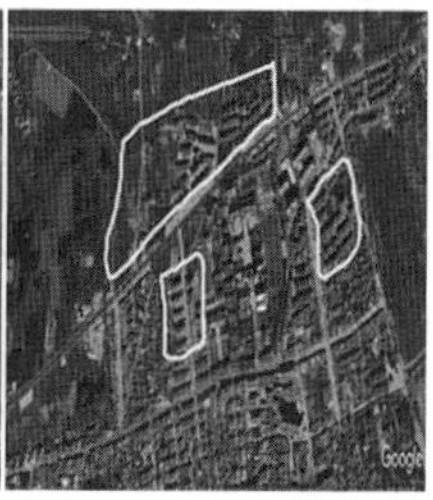
2009 年镇区形态　2017 年镇区形态</td><td>结合观察结果，讨论原因，小组代表指图回答：
近 10 年来，襄安镇聚落形态总体向北拓展，沿军二路两侧兴建不少住宅区。
请学生代表上台通过谷歌地图查找镇区同一位置不同时期主要住宅区的不同，体现聚落形态的发展差异。
师生共同小结：
镇北部——沿公路线有拓展；
镇南部——形态基本不变。</td><td>现场通过地图找差异，直观体现聚落形态的发展变化；再通过归纳整理，由感性认识上升到理性分析，生成的结论体现了自主探究式教学。</td></tr>
</table>

续表

教学环节	教师活动	学生活动	设计意图
拓展延伸	以上我们研究的是襄安镇的个例，那么大城市的聚落形态的发展变化是否也和交通运输的变化有关呢？ 投影教材内容，展示株洲和武汉城市略图以及美国东部的城市带图。引导学生归纳聚落形态的形成与交通运输的联系。	学生对照教材，思考问题，形成归纳。 襄安镇——沿公路发展。 株洲——沿铁路发展。 武汉——沿河发展。 美国东部城市带——沿高速公路和铁路等运输干线组成的运输网发展。	由个案到共性，由小尺度区域感知提升到大尺度区域分析，体会地理原理、规律的认知和总结过程。
归纳	以板图形式整理归纳，见板图1。	学生看图记录、记忆。	用概念图构建知识网络。
承转分析	商业网点是区域商业的基本组成单位。我们的交通运输方式和布局的变化除了对本镇的聚落形态带来影响外，对襄安商业网点的分布有没有产生影响？从其位置、密度看，具体有什么影响？为什么？ 学生回答后，可以展示实践调查的图片进行说明和验证。	小组讨论后，回答：有影响。 位置：目前主要商业网点靠近镇中心和北部，靠近公路。 密度：主要公路沿线和街角拐口处密度大，沿老河道和废弃的公路线附近密度小。 原因：商业网点必须要有便捷的交通才能方便运输商品和购物。	根据调查结果，追问原因，探寻一般商业网点分布位置和密度差异的实质原因，顺利过渡到以下学习内容。
联系教材	商业网点分布的密度差异不仅仅体现在我们这个小城镇上，山区和平原区的商业网点分布密度同样有着很明显的差异。 投影教材中的平原与山区商业网点分布图片，请同学们判断并分析商业网点分布位置和密度大小及相应原因。	学生思考回答。 山区密度小：地势起伏，交通运输线路稀少，交通运输方式单一，商品流通困难。 平原区密度大：地势平坦，交通运输线路密集，交通运输方式多样，商品流通较快速。	参考教材，对比、梳理与归纳，提高逻辑思维能力。
承转过渡	交通运输不仅影响商业网点的分布密度，同时也影响商业网点的分布位置。襄安镇毕竟是个小镇，对于商业网点特别是商业中心的分布规律可能不是特别明显，我们再把目光对准较大的城市，看看它们商业网点的位置有什么特点。下面我们来认识芜湖市的中山路步行街和红星美凯龙家居商场。		

续表

教学环节	教师活动	学生活动	设计意图
拓展延伸	通过谷歌地图展示芜湖市中山路步行街和红星美凯龙家居商场的位置，提问：二者位置的差异及主要原因是什么？教材中没有提及的市场最优原则，教师可以做适当引导和总结。 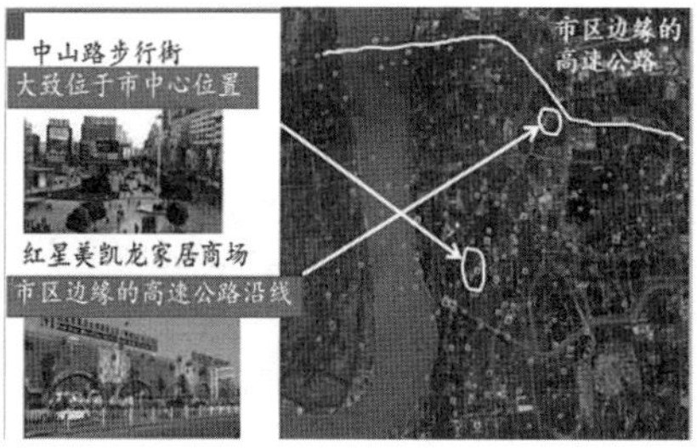 	学生看图思考、交流，回答：步行街大致位于芜湖市中心位置；红星美凯龙家居商场大致位于市区环路边缘。 市场最优原则：往往布局在城市中心，接近最大的消费人群。可类推一般城市中心区的商业点分布规律。交通最优原则：往往布局在城市外围交通干线和环线交汇处，有便捷的交通，吸引大量的购物者。	由襄安镇到芜湖市，放大研究区域是为了弥补小尺度区域的不足，验证商业网点分布位置的规律性，同时也能够拓展视野。
板图归纳	板图的形式整理归纳，见板图2。	学生看图思考整理。	体现出逻辑和内在联系。
课堂小结	整合两幅概念图，构成一幅完整的网络结构图，据图小结本课。	学生看图记录、整理。	加深学习印象。
知识巩固课后思考	“小镇的未来”——目前我镇已开通铁路并有站点，但站点距镇区有一定距离。另外，据交通部门消息，军二路即将改道，不再过镇区边缘，主干道会迁移到更远的北部，请预测今后我镇的形态和商业网点的变化趋势。	同学们根据本节课学习的内容进行分析，并预测襄安镇的形态和商业点的今后发展方向，甚至有大胆推测不同位置上的地价和房价变化情况。	首尾呼应，让学生为家乡发展献计献策，学以致用。

六、板书设计

板图1：

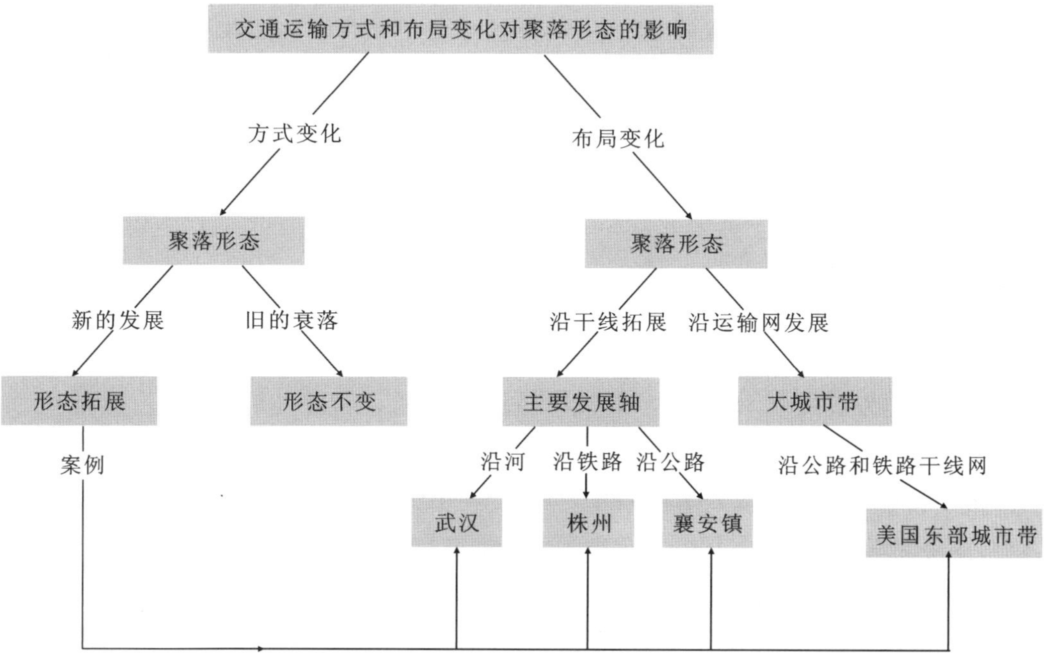

板图 2：

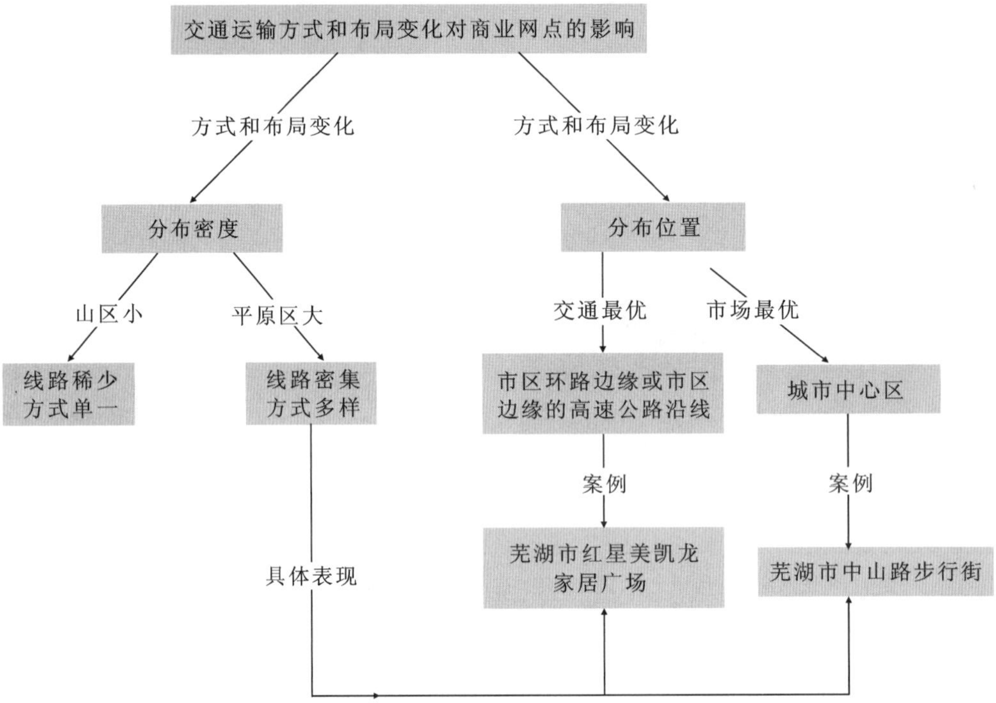

七、教学反思

本节课充分利用乡土资源，以生活的家乡为载体，通过课前学生的实践调查和课堂的主动参与，让学生充分体验课堂，感受知识的生成过程，提升自身核心素养。课后，对于本节课的教学，笔者做了如下反思。

1. 突出实践调查

杜威曾指出，学习是学生经验获得和改造的过程。通过课前的实践调查，不仅加深了学生对知识的认识和理解，更重要的是学生通过自己的亲身实践能真切地感受到生活中知识的存在，认识到知识来源于实践，也必能应用于实践。另外，在实践调查的过程中，一方面有效地提升了学生的地理实践力，提高核心素养，另一方面也提升了学生的团队协作能力和良好的沟通能力。

2. 强调过程参与

不管是课前的实践调查，还是课堂上的成果展示，都放手让学生来做，教师主要起引导的作用，这不仅体现了学生在学习中的主体地位，更能让学生在做的过程中充分地参与和体验知识的生成与发展过程，增强了学习的获得感和成就感，而且，在课堂的展示过程中，明显发现学生身上闪现出不一样的风采！

3. 图像贯穿始终

“图像是会说话的语言”，课堂教学中运用大量谷歌地图和生活图片，开头先通过小镇的谷歌地图加强区域认知，后以小区域襄安镇交通运输方式和布局的历史变迁的真实情景为依托，结合教材和实际中的大区域城市案例，引导学生通过读图、说图，得出结论，最后，知识的总结和整合也通过概念图的形式展现，形象，直观，易理解掌握。

4. 重视思维训练

考查学生学科思维能力是所有学科关注的重点，而如何培养学生的学科思维能力考验着每个教师的智慧和耐心。本节课在对学生的解答中，通过追问、引导、反问等将学生的思维引向深入，最后以"小镇的忧愁"这样一个真实的复杂情境作为课后作业，又把学生带入到深深的思考中。另外通过概念图等现代教学工具，及时总结，使知识逻辑化、可视化，有助于学生对知识点进行有效梳理，提升综合思维能力。

本节课如能在师生互动的同时再激发更多的生生互动，课堂效果会更好，当然，这就是努力的方向！

镇海中学校园

课例十七:遥感技术及其应用

浙江省宁波市镇海中学　赵守拙

一、教学内容分析

“地理信息技术”体系主要由“3S”即地理信息系统(GIS)、遥感(RS)、全球定位系统(GPS)三个核心技术组成。在三种地理信息技术相互促进、相互配合、共同应用的基础上,再结合网络技术、虚拟技术,人们提出了数字地球的设想。同时,GIS、RS、GPS技术又以计算机科学、通信技术、遥测与卫星定位,以及系统论等信息技术和理论为支撑,属于地理科学与信息科学的交叉学科。

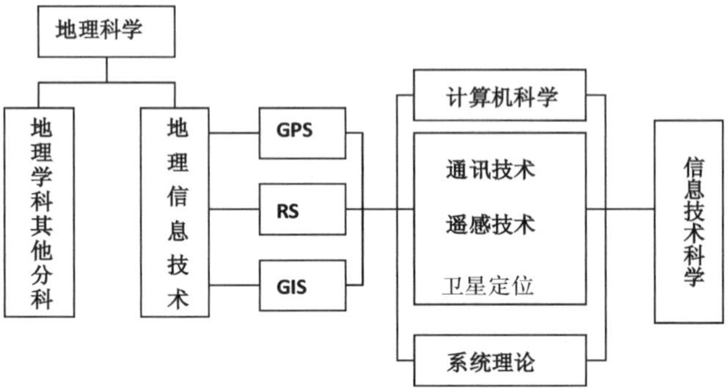

关于遥感(RS)部分的教学要点有两个,一是让学生初步了解遥感的概念及基本工作过程,对遥感的工作原理不要求涉及专业机理;二是要求学生能够结合遥感的具体应用实例,说明其功能和意义。但遥感技术的应用范围较广,案例应侧重资源普查、环境和灾害监测等方面。同时可根据需要适当介绍遥感影像的分类知识,简化遥感影像的判读,以避免与选修模块相关知识重复。在遥感技术的应用方面,课本中插入了许多阅读材料和图片信息,旨在要学生更加感性地认识遥感技术的应用,学生在了解遥感技术的同时,也在一定程度上关注了国家时事,了解我国资源环境现状,也有一定的教育爱国意义。

另外,利用遥感技术的成果辅助地理教学,有助于改善传统的教学方法,提升教学质量。比如,将RS数据与日常地理教学相结合,及时让学生了解、学习教学中运用到的遥感成果,极有利于学生提升空间意识,形成区域认知素养。

二、学情分析

高一年级学生尽管对3S技术概念、原理比较陌生,但实际上又在经常使用与3S有关的技术或成果。最主要的表现是,基于3S技术,目前专业人员已经开发出许多新的软件、网站及手机APP等。其中与遥感有密切关系的信息技术或工具诸如Google earth、百度地图、天气预报、遥感集APP等等。学生肯定至少了解或使用过其中的一种或几种,只是“不知所以然”而已。本案例紧抓学生这一特征,现场利用百度三维地图(或谷歌地图)中学校及周边地区的遥感图片导入并发散、延伸,学习本节课的内容,让他们在熟悉的环境中自然地领会遥感的应用。

另外,个人认为,在深化课改的形式下,高中地理教学改进的一个重点是把地理信息技术应用于教学实践中,与地理学科的特性相结合,这也是新高中地理教学发展的必然。“3S”应用于教学并不是单纯地介绍地理知识,而是让学生通过接触“3S”,开辟一条学习地理知识以及其他学科知识的新途径。

三、教学目标

1. 知识与技能

了解3S的概念，知道RS的特点、分类、工作原理及过程；了解RS在资源普查、环境和灾害监测中的应用；列举与RS技术有关的软件、APP及网站等。

2. 过程与方法

学会用示意图来理解遥感的工作过程；举例说明利用遥感影像判读地物的基本方法；根据不同地区的遥感影像图，说出该区域地物分布的基本特征，培养区域认知新能力；通过实例分析RS在实际生活中的应用；实际操作百度地图或Google earth，找到自己所在小区的三维图，培养地理实践力。

3. 情感、态度与价值观

通过对遥感影像技术应用的了解，感悟现代地理信息技术在地理学习和日常生活中的重要性；举例说明遥感在协调人地关系中所起的作用，培养人地和谐观；通过操作相关软件，认知相关遥感图像，感知地理实践之美。

四、教学重、难点

1. 教学重点

遥感在资源普查、环境和灾害监测中的应用。这是国情教育、热爱家乡情感培养的重要载体。

2. 教学难点

遥感技术的基本原理。其中不同地物的电磁波及波谱特点、不同类别遥感的区别、遥感图像判读等相对抽象。

五、教学设计思路

1. 思路

充分利用多媒体与课堂教学相结合，直观展示遥感的工作原理及过程，并让学生真实体验遥感在实际生活中的应用。利用网络生成、展示区域遥感地图，从学生的实际出发恰当地安排活动和训练的层次，培养动手实践能力和创新能力，并让学生自己总结规律，教师指导完成学习内容(表格比较法或文字归纳综合教学法)。

2. 教学环节

环节一：利用多媒体现场生成镇海中学遥感图片并判读，进行导入。

环节二：播放视频：汶川大地震中遥感监测的作用。

环节三：认识遥感对于监测台风形成及移动的关键作用。

环节四：认识遥感动态监测区域海岸线变化方面的应用。

六、课堂实录

环节	教师活动	学生活动	目的
创设情境，导入新课	通过Google earth依次查找镇海老城区，放大镇海中学及周边地区立体影像图。让学生找出学校及附近地物。解说：大家要想知道一个地方的空间位置及地表物体分布特点，可以查地图，但也可以上网查看Google earth、百度三维地图等，而且内容比一般地图更全面、更正也更及时。问：①这些真实的图像是如何得到的？②如果在夜晚是否可以拍摄到这些图像？	感知这类影像图片的特点，分别找出甬江、鼓楼广场、学校、操场、所在的教学楼。思考、讨论上述问题。 答：①是通过航空或卫星拍摄得到的。②如果用红外线夜视仪等可以拍到。	从身边开始认识遥感，认知家乡。

续表

<table>
<tr><th>环节</th><th>教师活动</th><th>学生活动</th><th>目的</th></tr>
<tr><td>遥感概念、工作原理</td><td>刚才大家的答案正是我们今天要学习的一种地理信息技术——遥感(RS)。遥感是对地表物体进行远距离的感知。人们在航空器(如飞机、高空气球)或航天器(如人造卫星)上装载上特定的技术装备(核心组件是传感器),就可以对地物进行遥感了。
问:结合相关的物理知识和教材,说明遥感技术的基本原理及工作流程。
(板书)工作流程:信息获取——信息记录和传输——信息处理判读分析——用户应用。
补充说明:从传感器接收信息到遥感信息应用的全过程,称为遥感技术。</td><td>感知、理解遥感概念。查书、讨论、回答:地球上的每个物体都在不停地辐射或反射电磁波,并且不同物体发出的电磁波的特性不同。遥感装置上的传感器收集这些电磁波后,再根据其差异进而辨析不同地物。工作流程学习回答后教师板书。</td><td>由现象到原理,思考总结遥感工作基本原理与过程。</td></tr>
<tr><td>特点及分类</td><td>遥感的分类可有多种,请大家在教材中找出教材关于遥感的分类。
问:①与人工实地调查或拍照相比,遥感总体上有哪些特点?②每种遥感各有什么优缺点?(板书)<table><tr><th></th><th>近地遥感</th><th>航空遥感</th><th>航天遥感</th></tr><tr><td>优点</td><td>分辨度最高</td><td>较清晰</td><td>范围大、云层无影响</td></tr><tr><td>缺点</td><td>范围小</td><td>受云、空气污染等影响大</td><td>分辨率小</td></tr></table></td><td>查找分类:根据遥感平台高度的不同,可分为近地遥感、航空遥感和航天遥感。
学生回答并补充、纠正:①获取资料更迅速快捷,空间范围更大,可以全天候、不间断地拍摄。②学生回答,教师板书。</td><td>对比是理解特点的有效方法。</td></tr>
<tr><td>遥感在防灾减灾上的应用</td><td>作为一项先进的地理信息技术,遥感可以为国计民生做哪些事情呢?
1.展示材料:2008年5月12日,四川汶川地区发生8.0级大地震,有关部门利用卫星遥感监测技术,对灾区情况进行监测,在很短时间内获得全面的资料,给抗震救灾提供了科学依据,为抗震救灾的胜利立了大功。思考:卫星遥感对防震减灾起到哪些作用?
2.播放视频:2018年8月“三台共舞”台风预报及造成的灾害。自然的破坏力有时非常巨大,如果应对不当,自然灾害对社会经济造成损失也非常大。遥感技术可以为减轻台风灾害做哪些事?
3.除地震、台风以外,遥感还可以为其他灾害的防灾减灾做哪些工作?
总结:在灾害监测方面,地球表面很多严重的自然灾害可能涉及的空间面积比较大,RS的大区域观测功能为全面、准确、适时地监测这些灾害的演变、程度及损失起到了不可替代的作用。</td><td>观看并思考、回答、师生共同补充:
1.可以帮助及时判断地震发生地区、受灾面积及受灾程度;监测灾后的堰塞湖发育情况、救援线路上的路面情况等。
2.可以及时发现和预报台风;帮助预测洪水、风暴潮等灾害。
3.可帮助及时发现、预报(除地震等以外的)多种灾害的位置、面积以及发生、发展现状、灾害损失等。学生总结:通过影像对比,遥感可以为防灾减灾提供帮助。</td><td>学会对地理事象进行简洁、准确地归纳和表达。</td></tr>
</table>

续表

环节	教师活动	学生活动	目的
了解遥感找矿	遥感在找矿上可以有所作为吗？展示资料： 20 世纪 90 年代，我国将遥感技术与地质理论相结合，开展了矿产遥感识别模式研究，逐渐实现了遥感信息由定性到定量提取的提升，并发展了不同矿种的找矿模型，为找矿工作装上了“千里眼”。此后，中科院遥感所利用红外和多光谱遥感在新疆找到金矿；国土资源部航测遥感中心利用遥感影像发现了罗布泊钾盐矿；西安煤炭遥感研究院通过对大兴安岭西坡的遥感解释在大兴安岭西坡一举发现 18 个含煤盆地。此外还有新疆塔里木盆地的油气资源，新疆伊犁盆地砂岩性铀矿床的扩大等等。结合教材，说说遥感在地质找矿上的特点及主要原因。	阅读、思考、讨论、回答： 1. 遥感技术在地质找矿中的应用包括直接应用和间接应用：直接应用是指遥感蚀变信息的提取，间接应用则包括地质构造信息、植被的光谱特征及矿床改造信息等方面。 2. 遥感找矿原理还是“地物不同辐射或反射的电磁波不同”。	体会遥感的强大与创新运用，增强国家自豪感。
地理教学上的运用	遥感成果已经与我们日常的地理教学紧密结合了，大家觉得老师在平时的教学中应用了哪些遥感技术或成果？	利用 Google earth 获取地形、地貌图，环境污染图，自然资源分布。	感悟生活。
拓展	遥感的另一广泛应用领域是环境监测，例如根据大气辐射、散射阳光的特点，水体的反射光谱等，可以帮助判断污染范围和污染程度。根据已经了解到的遥感特点及基本工作原理，遥感还可以在哪些方面取得进展？	讨论、小结、发言：军事侦察，监视农作物长势和病虫害（估产），考古，海岸线及冰川变化（气候演变）等等。	发散思考，培养创新思维。
总结	遥感特点总结： ①探测范围大。②获取资源速度快，周期短，可反映动态变化。③受地面条件限制小。④手段多，获取信息量大。⑤用途广。	相比传统方式，对遥感工作的特点进行归纳、总结，相互补充，力求完整。	生成比记忆更重要。
引申铺垫	作为现代地理信息技术之一的遥感，其功能强大，应用广泛。如果与 RS、GIS 等技术配合，将能发挥更强大的作用。这将是我们下节课的学习内容。		明天更强大。

七、课后反思

本教学通过大量的资料介绍了遥感在国计民生各方面的广泛运用，营造有利于学生形成地理信息意识和能力的教学环境。将遥感引入中学地理教学，可以丰富地理教材内容，激发学生学习兴趣，培养学生的地理素养；感悟新兴地理信息技术的生命力，从而初步养成热爱科学努力学习的好习惯；通过对迅速发展的中国遥感技术的学习，学生增强了民族自信心和爱国情感。

演示和强调部分与遥感密切相关的信息工具及软件的操作，可以引导学生形成和提升地理实践力。

第三部分　地理实践力

课例十八：假期游学中的地理实践力提升

指导教师　赵守拙

腾讯新闻编辑：边游玩边做作业？镇海中学这项个性化作业，同学们做嗨了！

镇海中学　2019－02－09

开学了，这两天学校都在检查寒假作业。镇海中学有项地理作业挺特别，在出门游玩时，做项“特别”研究。我们一起来看看。

1. 看山是山

今年春节，我们一家来到位于浙江省温州市文成县境内的瀑布群，见到了各种奇峰、飞瀑。景观很是奇特，这很让我好奇它是怎么形成的。正好老师也布置了个性化的地理作业，我就开始了自己的一翻“研究”。

——A2 班　赵诣《百丈漈里的地理知识》

鹰山位于北仑区西北侧，相对高差约 600 到 700 米，应为镇海——温州北北东向大断裂在小港处的地面凸起，是戚家山的延伸，形成时间久远，约在第四纪中更新世。作为小港地区为数不多的山地，它的开发给当地人民带来了休闲娱乐方面的功能，同时也导致了一些问题。我们小组在实地考察的基础上，通过分析各地理要素来发现问题症结所在并提出适当的处理办法。

——A2 班　胡硕渝、徐煜洋《关于鹰山地理要素的调查》

今年假期，我和家人一起去到了位于湖南西北部澧水中上游的张家界世界地质公园游玩。奇峰、怪石，的确不辜负“五步一奇景，十步一重天”的称号。我们无不惊叹于大自然的鬼斧神工。

——A1 班　黄欣蓓《张家界中的地理》

今年正月初一，返回松阳县老家过春节的我，趁着假期攀登距离县城 5 公里的双童山。沿着山路拾阶而上，抬头望眼，处处都是重岩叠嶂、怪石林立。

——A2 班　刘子晋《登松阳高山　观丹霞地貌》

2. 看山不是山，看山还是山

01

百丈漈里的地理知识

上网查询后我才知道，原来百丈漈地质遗迹区在大地构造位置上处于环太平洋亚洲大陆边缘构造岩浆带中的中国东南沿海中生代火山岩带上，是该带中具代表性的一座古火山。原来这是一座火山啊，那它当时一定是受到了极大的内力作用。

瀑布群中的典型代表就是百丈漈(如图)，那这些景观是如何形成的呢？联系我的地理知识，我觉得海拔八百多米的瀑布大概是因岩层松散易受流水侵蚀搬运，经过数百年的积累才形成如今这宏伟的景观。我又想到我家处于温暖湿润、降水充沛的亚热带地区，岩石会受风化，就会形成这些陡峭的山峰。

其实，对百丈瀑成因的思考，让我联想到了很多景观的形成都与地质作用分不开。只要我们用心去探究，还是可以学到很多地理知识的。

02

关于鹰山地理要素的调查

(1)土壤

自山脚可见明显的红壤，且多砂砾石块，反映出明显的亚热带季风气候特征。因拍摄时阴雨多日，可见明显流水侵蚀的痕迹，暴露出严重水土流失的问题。沿山脚向上，可见两边裸岩增多，植物根系盘根错节。自山脚至山腰，两侧少有草本植物。地表常覆盖厚约0.5—1cm的松针，落叶，最厚处可达2.5cm。土质松散，可见明显颗粒。

水土流失严重、近地面植被少、土层薄是几个比较明显的问题。近地面植被少，一是因为山脚至山腰段树木茂密，遮挡阳光；二是因为降水多且有岩体阻挡，水分下渗困难，导致土壤潮湿。植物根部不耐潮湿、腐烂而难以生存；三是因为腐殖质过多，覆盖地表，新生草本植物难以长出地面。草本植物过少，导致了地表裸露，加之宁波的气候，雨水冲刷进一步加剧了水土流失，从而导致土层厚度越来越薄。

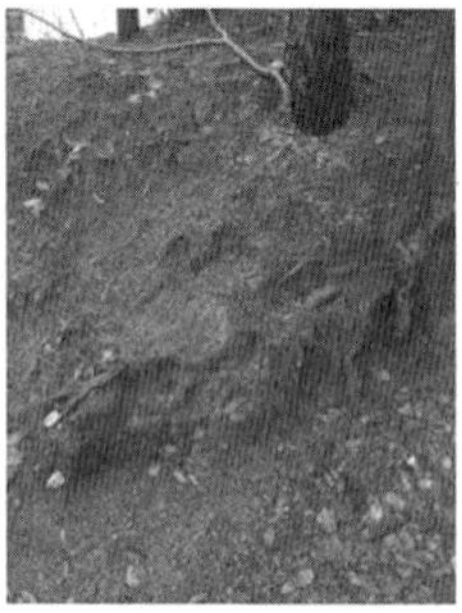

红壤及覆盖的松针

本小组认为，为了解决这些问题，可以尝试派专员管理山区地表，控制松针叶、樟树叶等的厚度，并大面积播种速生草。同时，合理修剪树木枝叶，使得阳光可以更好到照射地表，有助于草本植物生长。

(2)植被

山上植被总体以松树、香樟、(疑似)泡桐为主，其中松树、泡桐为原生树种，樟树则为后来引进。树木多生长于山脚至山腰，树径普遍约10cm～20cm。山顶少见树木，据2017年夏季一次雷暴将山顶凉亭击垮的事件推测，山顶树木易遭受雷击，故少有树木生长。自山脚至山顶，杂草灌木等逐渐增多，原因如上一条目所示。

路边杂草

近地面草本植物少，作为景观道植物观赏性不高等也是问题所在。其中第一个问题已有解决措施，对于第二个问题，可以在景观道两侧栽种易种的花卉，或是栽种枫树等有季节特色的树种，或是对于已有树木进行修剪，使之不再杂乱无章，也不失为良方。

(3)地质

风化

典型岩石

（这一块以分析为主）调查发现岩石具有明显的层理构造，查阅资料可知，宁波地区多火成岩和沉积岩，其中沉积岩多以砂页岩为主。该山应为沉积而成，故多如页岩等沉积岩。页岩致密，硬度低，表面光泽暗淡；抗风化力弱，在地形上常形成低山低谷；不透水，往往成为不透水层或隔水层。

上图为明显风化痕迹，疑似冬季水结冰膨胀胀裂所致，同时因为树木多，此地应还有强烈的生物风化痕迹。又因页岩不透水，与前文所推断地面过潮，难下渗等原因所对应，更是体现了地理环境的整体性。

03

张家界中的地理

上网搜索，我才了解到张家界地貌是砂岩地貌的一种特殊类型。它是由石英砂岩为成景母岩，以流水侵蚀、重力崩塌、风化等作用力形成的以棱角平直的、高大石柱林为主的地貌景观。张家界在区域构造体系中，处于新华夏第三隆起带，地质历史时期中喜山及新构造运动是形成张家界奇特的石英砂岩峰林地貌的内在因素和内力作用。又由于张家界位于亚热带湿润地区，流水侵蚀作用显著，再加上重力崩塌及其生物的生化作用和物理风化作用，这便是形成张家界地貌的外力作用。我联系课文的知识，明白了张家界地貌的形成是在特定的地质环境中内外力长期相互作用的结果。

04

登松阳高山 观丹霞地貌

为什么此山如此奇特，怪石林立呢？怀着好奇心，我马上查阅资料。联系我学的地理知识，我发现这就是典型的丹霞地貌特征。丹霞地貌是产状平缓、铁钙质混合胶结不匀的红色砂砾岩，在差异风化、重力崩塌、侵蚀、溶蚀等综合作用下形成的城堡状、宝塔状、针状、柱状、棒状、方山状或峰林状的地形。这次我攀登的松阳双童山，地处松古平原，周边有高山环绕，而且周边高山绿化植被非常好，大树古树多，相对风化程度没有沿海地区严重，丹霞陡崖坡特征突出，但丹霞红层地貌特征并不明显。

注：本案例被“杭州新闻”“快报”“腾讯新闻”等转载。

教师点评

1. 百丈漈里的地理知识（报告提交者　A2 班　赵诣）：山从哪里来？水到哪里去？在景观中观景，在观景时思考，我们会对这个世界有更多的地理理解。只要我们善于观察，善于思考，生活处处皆地理。

2. 关于鹰山地理要素的调查（报告提交者　A2 班　胡硕渝　徐煜洋）：没有调查就没有发言权。你们组动了起来，而且有图有真相。祝贺你们理解了学习地理重要、有效的办法之一——调查法。实地调查获得了第一手资料，但要想得到科学的结论或决策，还要对资料有科学的分析和地理推理。地质、植被两段的分析和解决对策比较到位。水土流失成因方面的地理逻辑思维还待商榷。另外，热爱家乡也是国家情怀的体现。

3. 张家界中的地理（报告提交者　A1 班　黄欣蓓）：这个地质公园不简单，可是世界自然遗产呢。其中最具特色的是石英砂岩峰林地貌，为世界罕见。祝贺你找到了一个可以考察沉积岩岩性、内外力结合形成的地貌、多种植被类型广布的极佳地点！

4. 登松阳高山　观丹霞地貌（报告提交者　A2 班　刘子晋）：你家乡的山应该属于丹霞地貌，不是丹霞山。“丹霞地貌”的命名以广东省韶关市仁化县境内丹霞山为典型代表而命名。这一块老师也没有现场看过。期待你给我介绍你家乡山的特点，来校后我们一起探讨与丹霞地貌有关的地理知识。